절집 길라잡이

한 권에 담은 우리 절집 이야기

절집 길라잡이

김영숙 지음

운주사

머리말

참 많이도 돌아다녔다. 어느 날은 가방도 다 풀기 전에 또다시 주섬주섬 주워 담아 길을 떠났다. 절집을 향한 발걸음은 지난 3~4년간 그칠 줄을 몰랐다. 그래도 아직 멀었다. 절집을 향한 발걸음은…

20년 전 우연한 자리에서 '무구행無垢行'이라는 법명을 받았다. 『묘법연화경』「관세음보살보문품」에 '무구청정광無垢淸淨光'이라는 글귀가 있으니 이 경을 만 번 읽고 그 의미를 깨달으라는 숙제와 함께였다. 앞이 깜깜한 상황은 제쳐두고 나한테 때가 많음을, 그래서 업장業障이 두터워서 그런가 싶어 나의 주특기 소심함이 작동하기 시작했다. '의심하지 말고 무조건 하라'는 소리에 그냥 무조건 열심히 읽었다. 그러다 어느 순간 어느 구절들은 그 의미가 환하게 와 닿기도 했다.

숙제를 끝내고 보니 왜 내가 '무구행'이 되어야 하는지 깨달음이 왔다. 그리고 내 안에 무한한 에너지가 샘솟음을 느끼며 10여 년의 세월을 거침없이 보냈다. 깨달음은 순간이고 깨달음을 지키는 것은 평생인데 자만하고 게으름을 피우며 몸과 마음에 '때'를 쌓고 살다보니 내 삶에 문득 절벽이 찾아들었다. 잘 돌아가던 것들이 삐걱거리고 갑자기 멈추는 등 힘든 나날이 계속되었다.

살다가 절벽을 만나면 선택은 두 가지다. 하나는 그대로 떨어져 죽는 것, 아니면 되돌아서는 것. 간단한 선택이지만 우선 멍하니 서 있을 수밖에 없다. 아무 생각이 떠오르지 않으니까. 멍한 순간에, 내 마음을 스치는 따뜻

한 무엇인가가 있었는데 바로 부처님이었다. '그래 내가 너무 멀리 떨어져 살고 있었구나!…'

　무작정 길을 떠났다. 어디든지 좋았다. 부처님이 계신 절집이라면. 찾아가 하염없이 앉아 지난 세월을 참회하고 덕지덕지 붙은 '때'를 씻어내고 싶었다. 이 인연과 함께 했다가 때로는 저 인연과 동행하기도 하면서, 그러다 혼자가 되면 혼자서, 참 많은 절집을 다녔다. 그러다 보니 문득 108사찰순례가 되어 버렸다. 강원도에서 제주도까지 돌아다니면서 사진도 찍고 사람도 구경했다. 물론 불보살님과 벗하기도 하면서…

　절집을 찾을 때면 느끼는 것은, 절집을 찾는 사람들이 절집 곳곳에 의미를 가지고 자리하고 있는 것들에 대해 그냥 스쳐가는 경우가 많다는 것이었다. 안타까운 마음에 욕심이 생기기 시작했다. 이것은 이런 의미로 여기 자리하고 저것은 저래서 거기 있는 것이라고 말해 주고 싶은 생각이 자꾸 들다가, 아예 내가 쉽게 설명해서 책으로 만들어 보자는 데까지 이르러 일을 벌이고 말았다.

　나름 가장 쉬운 절집 가이드북을 만들어 보고 싶다는 나의 간절함이 만들어낸 이 책은 절집 입구에서부터 절집 제일 높은 곳에 위치한 산신각에 이르는 하나하나를 사진과 함께 차례차례 그 의미를 새기며 정리하였다. 하나라도 더 보여 주고 싶은 욕심에 이런저런 사진과 설명을 덧붙였는데, 막상 해 놓고 보니 오히려 산만한 느낌이 들기도 한다. 그래서 책을 보는 사람들이 행여 짜증이 나지 않을까 염려스럽기도 하다. 하지만 작업 하나하나가 즐거움이었고 보람이었다. 절집의 부처님 앞에선 내 능력을 100퍼센트 발휘할 수 있도록 해달라고 무진 떼를 쓰고 고집을 부리기도 했다. '최고'가 되려 하니 일이 진행되지 않았다. 그래서 '최선'을 다 했다. 내 능력 밖의 일은 욕심내지 않았다. 부족하다면 또 다른 좋은 인연이 채울 테니 걱정은 없다.

 시작하면서부터 끝맺는 지금까지도 나의 소심함은 순간순간 고개를 들고 나를 괴롭힌다. 이 모든 작업들을 그만두라고. 하지만 소심하고 거북이처럼 느린 나를 채찍질하고 기다려 준 소중한 인연이 있었기에 그래도 끝을 맺는가 보다. 어려운 시간들을 헛되이 보내지 않았다는 큰 위안을 안고 조심스럽게 이 책을 세상에 내 놓는다. 살다가 혹 절벽을 만났다면 이 책 한 권 들고 그저 절집을 돌아다녔으면, 그래서 부처님에게서 작은 답이라도 얻었으면 하는 마음이다. 힘들 때는 조금 돌아가는 것이 삶이 주는 지혜를 놓치지 않는 최선의 방법이기 때문이다.

2010년 5월
김영숙

머리말 | 5

1부 야단의 법석

당간·당간지주 | 12
괘불·괘불대 | 14

2부 절집의 문들

일주문 | 18
천왕문·사천왕문 | 20
금강문 | 24
불이문·해탈문 | 26

3부 절집의 마당

누각 | 30
범종각 | 33
탑 | 38
부도 | 46
석등 | 49
목조건축 양식 | 52

4부 절집의 전각들

팔상전 | 64
영산전 | 84
약사전 | 89
극락전 | 91

정토신앙 | 95

대승불교와 소승불교 | 96

원통전·관음전 | 107

지장전·명부전 | 114

문수전 | 131

비로전 | 135

대웅전 | 142

적멸보궁 | 152

대장전 | 156

미륵전·용화전 | 159

천불전 | 165

나한전·응진전 | 168

조사전 | 176

삼성각·산신각·산령각 | 179

가람각 | 186

5부 절집의 볼거리들

성보박물관 | 192

강원·선원 | 194

요사채···해우소 | 197

절집의 숨은 보물들 | 200

숫자로 절집 구경하기 | 204

절집의 놓치기 쉬운 볼거리들 | 206

절집의 아름다운 사계 | 208

불보살상 보는 법 | 212

후기 | 223

1부 야단의 법석

당간과 당간지주
괘불과 괘불대

당간
당간지주

토함산 불국사의 당간지주

국기게양대로 이해하면 가장 쉬운 당간과 당간지주

국기게양대라 하면 높은 대 위에 국기를 매달아 멀리서도 그곳이 국가와 관련된 일을 하는 곳이라는 것을 쉽게 알 수 있게 한다. 당간지주幢竿支柱도 마찬가지이다. 당幢이라는 깃발을 당간에 달아 든든한 지주에 끼워 높이 세웠으므로 멀리서도 그곳이 절이라는 것을 알 수 있게 한다. 당幢에는 불교를 상징하는 만卍자를 새겨 넣었으며, 당간은 철재, 석재, 목재를 사용하여 만들어졌다. 당간과 지주가 함께 있는 경우는 드물지만(속리산 법주사, 안성 칠장사, 공주 갑사…) 당간지주는 곳곳에 많이 남아 있어 쉽게 찾아볼 수 있다. 당간은 30개 정도의 원통을 대나무 마디 형태로 이어 붙였는데, 현재 남아 있는 당간은 대략 14~15개 정도의 원통을 이어붙인 것이다.

오른쪽 사진은 속리산 법주사 마당에 세워놓은 당간과 당간지주이다. 원형의 모습을 보여 주기 위해 일부러 세워놓은 듯하다. 절집에서만 느낄 수 있는 작은 배려이다. 절집을 찾는 사람들은 부끄러움이 많은지 아니면 머릿속에 든 것이 많아서인지 묻기를 꺼려한다. 이런 중생의 마음을 헤아리기라도 하는 듯 작은 돌멩이 하나마저도 제 나름의 설명을 자처하고 있다. 작은 것들과 교감할 수 있어 나는 절집이 참 좋다.

왼쪽 사진의 표시된 부분을 잘 보면 구멍 2개가 있을 것이다. 이 구멍 속에 당간을 끼워 단단하게 고정한 것으

고정 막대를 끼우는 구멍

로 보이는데, 지금 남아 있는 당간지주를 보면 고정 방법은 다양하였던 것 같다. 원형이 잘 보존된 절집을 찾아 자세히 들여다보라! 백문百聞이 불여일견不如一見이니…

속리산 법주사의 당간지주와 당간

당간

당간지주

야단법석野檀法席과
괘불·괘불대

태화산 마곡사 괘불

야외에 단을 세워〔野檀〕 불법을 펴는 자리〔法席〕를 만들 때 불상을 대신해서 내다 걸었던 것이 괘불掛佛이다. 괘불은 그 높이가 무려 6~10미터나 된다. 이 거대한 탱화를 거는 것이 괘불대掛佛臺이다. 괘불대를 당간지주와 혼동하기도 하는데, 당간지주보다 키가 낮고, 당간지주가 절집 입구에 세워지는 데 비해 괘불대는 절집 마당에 세워진다.

범어사 괘불대 밑부분

당간지주와 괘불대의 구분

당간지주와 괘불대는 모양도 다르고 이름도 다르다. 옆의 사진들은 괘불대의 모습을 담은 것이다. 특히 고정 장치의 모습을 다각도로 잡아 이해를 돕고자 하였다. 당간지주가 세워지는 것과 같은 원리이므로 잘 보아두면 도움이 될 것이다. 높이 매단 괘불은 수많은 사람들이 모인 야단의 법석에서 키가 크든 작든 누구든지 가리지 않고 흠모하는 부처님의 얼굴을 볼 수 있게 한다. 좋아하는 연예인을 보기 위해 많은 인파 속에서 까치발 하는 모습을 상상해 보라! 나같이 키가 작은 사람은 이런 배려가 그저 황송할 따름이다.

금정산 범어사의 괘불대

괘불대 옆면

2부 절집의 문들

절집에는 문(門)이 참 많기도 하다.
통과의례처럼 하나씩 거쳐 지나야만 한다.
어떤 의미를 담고 그 자리에 서 있는지 하나씩 들어가 보자.

일주문

기둥(柱)이 하나인 문(門),
그리고 이름표를 달고 있는 문

금정산 범어사의 일주문

'깨달음의 세계는 둘이 아니라 하나'라는 대大 진리를 보여 주는 문, 이름표를 달고 있는 문, 문턱이 없고 문짝도 없는 그래서 무조건 입장이 가능한 문… 일주문一柱門은 정말 다양한 의미를 담고 있는 문이다. 절집에서 처음 만나는 문, 일주문은 그래서 반드시 통과해야 하는 문이다. 불교의 궁극적인 가르침은 '불이不二'이다. 진리는 둘이 아니라 하나라는 것이다. 이 대大 진리를 가장 쉽게 풀어 낸 것이 기둥이 두 개이면서 이름을 일주一柱라고 붙인 일주문이다.

일주문을 보면 문턱도 없고 문짝도 없다. 우리가 알고 있는 상식의 문과는 다른 모습이다. 그러나 절집에 자리하고 있는 것 중에 제 역할이 없는 것은 없다. 일주문이 이런 모습을 하고 있는 것은 부처의 세계는 조건 없이 누구나 입장이 가능하다는 열린 품을 보여 주기 위해서이다. 정말 그 품이 넓고 크기도 하다. 일주문은 이름표를 달고 있는 문이다. ○○산○○사라는 이름표를 달고 있어 절집의 이름과 절집이 위치한 곳의 산 이름을 알 수 있게 한다. 먼저 자기소개를 해 주니 친근감이 느껴져 다음 문도 잘 통과할 수 있을 것 같다.

일주문은 반드시 통과하자. 최근 절집 마당까지 차가 들어가면서 일주문은 그냥 지나치는 경우가 많다. 일주문

일주문의 의미를 가장 충실하게 담았던 두륜산 대흥사의 예전 일주문

그 동안의 불사로 지금은 달라진 모습이다.

의 의미도 알았으니 그 의미를 되새기면서 통과해보자!

일주문은 절집에 따라 다양한 모습을 하고 있어 보는 재미가 쏠쏠하다. 유난히 이쁜 일주문들이 전라남도 지역 절집에 자리하고 있다. 구경삼아 떠나보기를 권한다.

대학에서 문화재 관련 강의를 할 때 학생들에게 절집을 돌아보고 그에 관한 보고서를 작성케 하였었는데, 지금도 잊혀지지 않는 것이 있다. 한 학생이 '아무리 찾아도 일주문이 없어 그냥 아무 문에서나 찍었다' 면서 사진을 붙여왔는데… 헉! 바로 일주문 앞이었다. 절집에 문이 많으니 이런 일이… 제대로 알고, 제대로 느끼고 왔으면 좋겠다.

천왕문·사천왕문
파사현정의 정신으로 무장한 수문장 사천왕이 계시는 문

태화산 마곡사의 천왕문

칠장산 칠장사의 사천왕상
남방 증장천왕(보검)
북방 다문천왕(깃대)

천왕문은 절집에서 만나는 두 번째 문이다. 절집에 따라 금강문金剛門이 앞에 오기도 한다. 절집에는 문도 많지만 신상神像도 많다. 조각상으로 또는 그림 속에 존재하면서 불법을 보좌하고 수호하는 역할을 한다. 천왕문 속의 사천왕四天王은 동서남북 사방을 지키는 수호신이다. 불佛·법法·승僧 삼보三寶가 머무르는 신성한 도량을 청정하게 지키기 위해 삿된 것은 깨부수고 올바른 것을 지켜드러낸다는 파사현정破邪顯正의 정신으로 무섭게 서 계신다. 일주문을 통해 무조건적으로 들어왔으니 신성한 불법이 펼쳐지는 자리를 어지럽히는 것들을 바로잡아야

하지 않겠는가!

　사천왕은 동방의 지국천왕·서방의 광목천왕·남방의 증장천왕·북방의 다문천왕이다. 절집마다 조각상이나 손에 들고 있는 것[持物]들이 조금씩 다르다.

　첫째, 동방의 지국천왕持國天王은 국토를 수호하고 중생의 평안을 지키는 수호신이다. 손에는 칼 또는 비파를 지니는데, 불교사전에 의하면 지국천왕은 음악의 신인 건달바를 거느린다고 하니 비파를 들고 있는 것이 맞을 것 같다.

　둘째, 서방의 광목천왕廣目天王은 청정한 눈으로 중생을 살펴 이익을 돕는 수호신이다. 손에는 삼지창과 보탑, 아니면 용과 여의주를 들고 있는데, 광목천왕은 용과 비사사라는 두 신을 거느린다고 하니 용을 들고 있는 것이 맞을 것 같다.

　셋째, 남방의 증장천왕增長天王은 중생의 이익을 증진시켜 주는 수호신이다. 손에는 용과 여의주 또는 보검이 있는데 후자가 맞을 것 같다.

　넷째, 북방의 다문천왕多聞天王은 도량을 수호하고 불

동방 지국천왕(비파)
서방 광목천왕(용/여의주)

사천왕의 발밑에 깔린 삿된 무리들

도솔산 선운사

칠장산 칠장사

법을 지키는 수호신이다. 손에는 비파 또는 탑과 깃대를 들고 있는데, 다문천왕이 도량을 수호하면서 불법을 가장 많이 들었던 신이라고 하니 탑을 들고 있는 것이 맞을 것 같다.

사천왕을 처음 보는 사람은 그 크기에 압도될 것이다. 천장까지 닿을 듯한 키에 머리에는 화려한 관을 쓰고, 짙은 눈썹에 부릅뜬 눈, 오뚝한 코, 수염이 있는 입, 창이나 칼 등의 무기를 들고 허리끈 단단히 조여 맨 갑옷을 입은 모습은 삿된 무리들을 물리칠 당당하고 위엄 있는 장군이다. 파사破邪의 정신은 그의 발밑에서 절정을 이룬다. 남자든 여자든 귀신이든, 절집을 어지럽히는 삿된 무리들은 엄청난 크기의 발밑에 짓눌려 있다. 이 문을 통과해야 하는 우리로서는 가슴 졸게 하는 모습이다.

하지만 절집은 돌다보면 반전이 있어 흥미롭다. 이렇듯 무서운 사천왕이 로봇처럼 움직인다면 얼마나 무서울까마는 다행히 사천왕은 창살에 갇혀 있다. 크고 작은 잘못을 마음에 담고 사는 인간이라 작은 몸짓에도 놀랄 것인데 창살 건너편에 계시니 그저 허리 굽혀 정중하게 인사하고 들어가면 이 문도 무사통과이다. 그리고 또 다른 반전, 아무리 무섭게 표현하고자 해도 사천왕의 모습을 자세히 보면 그다지 무섭지 않다는 것이다. 오히려 친근하게 다가오기도 한다. 사천왕의 모습이 친근하고 무섭지 않은 대표적인 절집을 꼽으라면 경기도 안성 칠장사

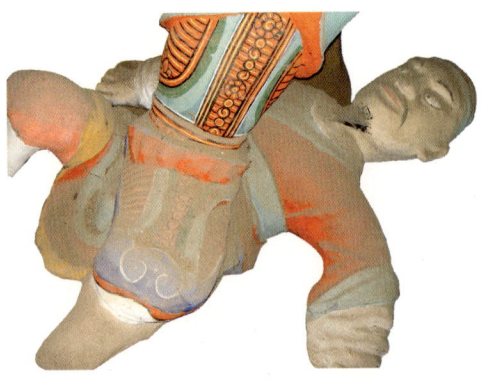

칠장산 칠장사

수도산 봉은사의 유리 속에 갇힌 사천왕상

이다. 소조(흙으로 빚은) 사천왕상은 조선후기(1726)의 대표적인 작품으로, 특히 지국천왕은 비파를 들고 흰 이를 드러내며 미소 짓고 계시니 뭐든 다 들어주실 것 같은 외할아버지 모습이다. 정겨움에 한참 동안 서서 바라보느라 자리를 뜰 수가 없었다.

최근 들어 사천왕의 모습이 변하고 있다. 무섭고 독하거나 아니면 옹색하거나⋯ 위의 사진은 대한민국 수도 서울 그것도 가장 중심지에 위치한 절집의 사천왕상이다. 유리문 속에 갇혀 있는 사천왕의 모습이 이 시대를 사는 우리들의 모습 같아 그날 내내 마음이 편치 않았다. 그동안 불사가 있어 당당하고 위엄 있는 모습으로 변하지 않았을까 싶기도 한데, 변하지 않았다면 제 모습을 찾아주길 원해 본다.

백양산 백양사

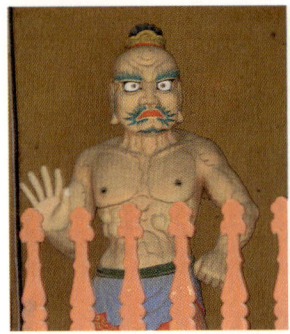

대승불교 이념의 상징
금강문

① 월출산 도갑사의 인왕상

절집의 금강문金剛門은 없는 곳이 대부분이어서 흔하게 볼 수 있는 문은 아니다. 금강문은 단단하여 결코 부서지지 않는 금강과 같은 대승불교의 이념을 알려주기 위해 세워진 문이다. 대승불교大乘佛敎의 두 가지 큰 이념은 대지大智와 대행大行이다. 부처님의 가르침을 배우고 익혀 자신을 구제하고 더 나아가 다른 중생까지도 구제하여 모두 열반에 이르게 하는 것으로 지혜와 자비의 실천행이 없으면 불가능한 일이다. 바로 이러한 큰 진리를 알려주기 위해 금강문은 그 자리에 서 있다. 금강문에는 지혜의 상징인 문수보살文殊菩薩과 자비의 상징인 보현보살普賢菩薩이 청 사자와 흰 코끼리를 타고 금강역사金剛力士인 인왕仁王의 보좌를 받으면서 어린아이와 같은 천진한 모습으로 계신다. 아직은 큰 의미를 알려 하지 말고 그냥 '그렇구나' 하면서 열린 마음으로 통과하면 되는

② 완주 종남산 송광사의 인왕

문이다.

정말 코믹한 인왕仁王의 모습이다(②). 전북 완주에 송광사라는 절집이 있다. 참고로 전남 순천에도 같은 이름의 절집이 있다. 보물과 같은 나한전이 있으니 한번 가보기를 권한다. 인왕은 금강신金剛神이니 금강역사로 불리기도 하는데, 금강과 같은 지혜로 번뇌를 꺾어 버린다는 신으로 상체를 드러내고 손에는 무기인 금강저金剛杵를 들고 두 눈을 부릅뜬 무서운 모습을 하고 있다. 사진 속(①)의 인왕은 비교적 원래의 모습에 가까운 조각상으로 월출산 도갑사의 것이다. 좀 무섭지만 다행히 창살 너머에 계신다.

금강문은 앞으로 펼쳐질 부처님의 가르침에 대한 예고편 격인데, 너무 무서우면 누가 그 속으로 들어가려 하겠는가! 절집은 지혜롭다. 어린아이와 같은 천진한 모습의 보살과 동물들, 코믹한 인왕仁王… 이런 모습이라면 조금은 가벼운 마음으로 통과할 수 있지 않을까?

종남산 송광사의 금강문과 속리산 법주사의 현판

불이문 · 해탈문
불이의 진리를 깨닫고 해탈에 이르는 문

사불산 대승사 불이문 현판

절집의 마지막 문은 불이문不二門이 아니면 해탈문解脫門이라는 이름으로 서 있다. 부처님 가르침의 핵심인 불이不二의 이치를 깨닫고 나면 해탈解脫이다. 이 문을 통과하고 나면 본격적인 부처의 세계가 펼쳐진다. 팔만사천이나 되는 방대한 분량의 경전 내용이 하나의 공간에 파노라마처럼 펼쳐지니 제대로 한번 구경해 볼 만하다. 열린 마음 하나로 그물에 걸리지 않는 바람처럼 그렇게 돌아보면 된다.

회전문廻轉門

윤회란 수레바퀴가 끊임없이 돌고 도는 것과 같이 중생이 번뇌와 업에 의하여 생사의 세계를 그치지 않고 돌고 도는 일을 말한다.

춘천의 청평사라는 절집에는 회전문이 있다. 우리가 생각하는 돌아가는 회전문이 아니라 윤회輪廻의 진리를 알

태화산 마곡사 해탈문

려주기 위해 서 있는 문이다.

  사실 회전문을 직접 보면 실망스럽기 짝이 없다. 윤회의 진리를 어떻게 알려줄까 기대를 하고 처음 이 문을 접했을 때의 실망감이 지금도 기억에 남는다. 작고 닫힌 마음으로 이 문을 통과해 청평사 절집을 한 바퀴 돌고 내려오면서 누각 문틈 사이로 문득 보이는 앞산이 너무도 아름다워 금방 크고 열린 마음이 되었다. 아! 순간에 바뀌는 이 마음을 잘 다스리면 윤회의 덫에 걸리는 일도 없겠구나. 묘한 마음의 변화를 읽었던 절집이라 잊혀지지 않는다.

금정산 범어사의 불이문과 현판

오봉산 청평사의 회전문

3부 절집의 마당

절집의 공식적인 문門은 다 통과하였다. 누각樓閣을 지나 절집 마당에
들어서면 여기저기 많은 전각殿閣들이 보이고 탑塔이니 석등石燈이니
또 많은 석물石物들이 보인다. 모두 다 제각각의 의미를 담고
그 자리를 지키고 있는 것이 절집의 물물物物들이다.
하나씩 생명을 불어넣어 보자.

누각
사뿐히 올라 절집 마당으로…

절집 사물을 봉안한 경북 의성의 대곡사 누각이다. 아름다운 누각은 오래되어 편안해진 절집에서만 만날 수 있는 귀한 인연이다.

주불전이란 절집의 가장 중심 되는 부처(主佛)를 모신 전각을 말한다. 우리나라 절집은 대부분이 석가모니 부처님을 주불로 모시므로 대웅전이 주불전인 경우가 많다.

절집 문을 다 통과하여 조금만 걷다보면 이층 다락집 형태의 누각樓閣이 보인다. 절집의 누각은 보통 주불전主佛殿과 마주하는 곳에 위치하면서 절집 마당으로 들어가는 통로 역할을 한다. 그리고 다양한 형태를 띠고 있어 누각을 구경하는 것도 재미가 있다. 누각의 위층은 주로 트여 있는 공간이므로 사물四物을 봉안하거나 절집의 큰 행사가 열릴 때 법회의 장소로 또는 행사를 준비하는 공간으로 다양하게 사용된다. 절집에 따라서는 일주문을 대신하기도 하므로 절집의 이름인지 누각의 이름인지 현판을 눈여겨 볼 필요가 있다. 게다가 유명한 사람의 글씨일 수도 있으니 떠나기 전에 절집의 정보를 조금만 가지고 가면 안복眼福을 누릴 수 있다.

아래 사진은 누각의 아름다움만큼이나 이름이 멋진 전남 완주의 화암사 우화루雨花樓이다. 봄이고 가을이고 다 좋은 산길을 따라 오르다 보면 절절한 그리움으로 그렇

불명산 화암사 우화루의 정면과 후면

게 우화루가 서 있다.

　봉정사 영산암의 누각은 양옆으로 요사채(절집의 일상생활 공간)가 연결되어 있어 마치 편안한 집으로 들어가는 느낌이다. 오래되어 편안해진 툇마루에 걸터앉으면 찰나가 극락이다.

천등산 봉정사 영산암의 누각

　충남 논산의 쌍계사 누각은 아래가 뚫려 있어 통로 역할을 한다. 누각과 연결된 계단을 오르면 진짜 잘생긴 대웅전이 나온다. 언젠가 우연히 장동건이라는 배우를 실제로 본 적이 있다. '아아~~ 저렇게 잘 생긴 사람도 있구나' 하고 감탄 또 감탄하였다. 쌍계사 대웅전을 보고 꼭 같은 생각을 했다. '아아~~ 이렇게 잘 생긴 대웅전이 이다지도 외진 곳에 숨어 있었다니…'

논산 쌍계사 누각의 처마 밑 도깨비상

　절집의 처마 밑에는 보물이 많다. 쌍계사 누각의 처마 밑에도 도깨비상이 숨어 있다. 부귀를 불러오는 도깨비라고 하니 마음속에 하나의 소망을 담고 간절하게 기도해보면 어떨까?…

논산 쌍계사 누각의 정면과 후면

전남 장성 백양사의 쌍계루雙溪樓는 자연과 어우러진 아름다운 누각이다. 전남 곡성 태안사 능파각凌波閣도 이에 못지않은 아름다움을 보여 주니 둘러봐도 좋을 듯하다. 산골의 해는 빨리 지니 시간 가늠을 잘 해서 돌아볼 것을 권한다. 비오는 날, 생각 없이 절집을 돌아보다 순식간에 깜깜해진 산길을 걸어 내려오며 두려움에 관세음보살을 얼마나 불렀던지… 잊을 수 없는 태안사이다.

백양산 백양사 쌍계루

소리로 깨달음을 일깨우는
불전사물이 있는
범종각

누각을 통과해 절집 마당으로 들어서면 보통 오른쪽으로 범종각梵鍾閣이나 범종루梵鐘樓 또는 종각鐘閣이라는 현판을 단 전각 속에 불전사물佛殿四物이 옹기종기 모여 있다. 그러나 반드시 오른쪽에 있거나 또는 불전사물이 한 군데 모여 있지만은 않다. 절집에 따라 따로 배치하기도 하고 불전사물을 대신해 종각만을 두기도 한다.

불전사물은 운판·목어·법고·범종이다. 아침저녁 예불시간에 맞추어 울리는데, 온 우주의 중생들에게 소리를 들려줌으로써 깨달음을 유도한다. 부처의 세계에 겨우 첫걸음을 뗀 우리로서는 뭐가 뭔지 감을 잡을 수 없어 어리둥절할 뿐이다. 거기에다 대고 어려운 교리를 설명해봐야 하나도 와 닿지 않을 것이다. 최상의 방법은 소리를 들려줌으로써 그 소리를 따르도록 하는 것이다. 초등학교에 입학하여 호루라기 소리나 선생님의 구령 소리에 맞추어 움직이던 때를 생각해보라. 소리공부를 통한 학습방법이 초급단계에서는 최상이다. 불전사물이라 하니 그 종류가 네 가지임을 알 수 있을 것이다. 우주의 중생계를 넷으로 나누어 각각에 맞는 소리를 들려줌으로써 가장 적합한 방법으로 깨달음에 이르도록 한다. 이를 테

범종루梵鐘樓
종루鐘樓
종각鐘閣

불보살佛菩薩을 모신 곳을 전殿 나머지는 각閣이라 부른다.
누각과 같이 아래가 뚫려 있다 하여 범종루라 부른다.

좌측은 필자가 가장 소박한 범종각으로 꼽는 충북 괴산의 각연사 범종각이고 우측은 경남 통영의 미래사 범종각이다. 대비되는 모습이 재미있어 나란히 세워보았다. 전원주택과 도시의 아파트생활이랄까…

면 수준학습이다. 지금부터 하나하나씩 좀 더 구체적으로 살펴보도록 하자.

① 운판雲版 : 구름 모양의 얇은 철판으로 허공계에 있는 중생들을 위해 두드린다. 구름이 하늘에 떠 있으니 당연한 것이리라. 나무망치로 얇은 철판의 중심을 두드려 소리를 울린다.

② 목어木魚 : 목어고木魚鼓라고도 하는데, 나무를 물고기 모양으로 깎아 속을 비워 두 개의 나무막대로 앞뒤를 번갈아 치며 소리를 낸다. 목어는 당연히 물속〔水中〕 중생들을 위해 그 소리를 울린다. 목어가 만들어져 절집에 걸리게 된 데에는 많은 이야기들이 전해져 오지만, 주된 이유는 수행자를 경계하기 위해서이다. 항상 눈을 뜨고 있는 물고기의 모습을 보면서 수행자도 두 눈 부릅뜨고 열심히 수행하라는 의미에서 만들었다고 『백장청규百丈淸規』에 전한다.

① 운판

③ 법고法鼓 : 소의 가죽으로 만들어지는 북으로, 축생(畜生 ; 네 발 달린 짐승)을 위해 울린다. 두 개의 북채로 원을 그

② 목어

리면서 두드리는 그 소리와 몸짓이 볼거리이다. 재미있는 것은 암수의 가죽을 양면에 붙여야 좋은 소리를 얻을 수 있다 하니 여기도 음양의 조화가 적용되나 보다.

④ 범종梵鐘: 범종의 신비한 소리는 지상의 인간을 비롯하여 지하세계의 중생을 깨달음의 세계로 이끈다. 범종은 하나하나 살펴 볼 것이 참 많다. 우선, 집중해서 사진을 보고 그 구조와 이름을 잘 기억하길 바란다. 그래야 설명을 읽어도 이해가 쉽지 않겠는가.

『백장청규』는 중국 당나라의 승려 백장百丈이 정한, 선종禪宗의 의식과 규율을 담은 책이다.

③ 법고 ④ 범종

범종

범종은 그 모습 속에 우주를 담고 있으면서 그 소리로 우주 만물의 모든 중생들을 깨달음으로 이끈다. 불교 경전에 의하면, 우주의 공간은 동(東勝神洲)·서(西瞿陀尼洲)·남(南贍部洲; 우리가 살고 있는 우주권)·북(北瞿盧洲)의 사주四洲로 나누어져 있으며, 그 가운데 금테[金輪]를 두른 수미산이 솟아 있고, 수미산에는 7개의 큰 산과 8개의 큰 바다가 철위산으로 둘러싸여 있다 한다. 우리나라 절집이 첩첩산중에 있는 것이나 절집 중심 전각인 대웅전이 여러 전각의 중심에 있는 것은 다 이러한 불교의 우주관이 적용된 것이다. 절집의 범종은 우주 공간의 가장 중심에 놓여 있는 수미산의 형태를 본떠 만들었다. 그래서 수미산형이라는 말을 쓰기도 한다. 사진을 잠깐 다시 보면, 범

종은 크게 용뉴·상대·종신·하대로 나누어져 있으며 하대 아래는 둥글게 패어 있다. 각각의 구조와 의미는 아래와 같다.

① **용뉴**龍鈕에는 종을 매다는 고리와 음통音筒이 있다. 특히, 음통은 아래에서 모인 소리를 위로 빼내는 역할을 하면서 아름답고 신비한 소리를 만드는데, 우리나라 종만이 가지는 특징이기도 하다.

② **상대**上帶와 **하대**下帶는 얇은 띠를 이루고 있으며 당초무늬와 연꽃무늬로 아름답게 장식되어 있다.

③ **종신**鐘身은 범종의 몸통으로 우주공간을 상징한다. 상대 아래 보이는 4개의 유곽乳廓은 4계절을, 9개씩 총 36개가 있는 유두乳頭는 36절기를 상징하는데, 이것은 우주의 시간을 설명하기 위함이다. 그 아래로 우주 공간에서 악기를 연주하고 있는 비천상飛天像이 아름답게 조각되어 있으며, 종을 치는 자리인 당좌幢座가 자리 잡고 있다. 하대 아래는 둥글게 패어 있어 소리를 모으는 역할을 한다.

신비한 소리로 중생의 번뇌를 끊고 중생을 깨달음의 세계로 이끌어야 하니 범종의 생명은 소리다. 당좌를 치면 소리가 아래로 모였다가 몸통의 빈 공간을 휘돌아 위의 음통으로 빠져 나가 울려 퍼지게 되는데, 범종의 신비한 소리의 비밀이 여기에 있다고 한다. 절집의 예불 시간 전에 울리는 범종의 소리는 눈을 지그

시 감고 꼭 한번 들어보길 바란다. 해탈을 꿈꾸며…

　범종은 보통 28번을 치는데, 이는 우주의 삼계三界 안에 28천天이 있음을 상징한다. 삼계三界는 욕계欲界·색계色界·무색계無色界로, 각각의 세계에는 6천·18천·4천이 있으니 총 28천天이 되는 것이다. 중생이 깨달음에 이르지 못하면 삼계의 삶을 되풀이해서[輪廻] 살아가야 한다. 범종의 소리를 들음으로써 번뇌를 끊고 지혜를 얻어 깨달음에 이른다면 삼계를 윤회하는 일은 없을 것이다. 그러므로 범종의 소리는 그냥 스쳐 지날 그런 소리가 아니다.

　절집의 범종은 여러 가지 재료가 쓰이지만 가장 흔한 것이 동종銅鐘이다. 또 범종에는 명문(銘文: 제작의 시기와 내용을 새겨 넣음)이 있어 제작연대를 분명하게 알 수 있다. 우리나라의 가장 오래된 범종은 강원도 오대산 상원사의 동종(725년)이고 최대의 걸작은 국립경주박물관에 걸려 있는 성덕대왕신종(771년)이다. 고려나 조선조에 들어서면 범종의 크기가 왜소해지고 작품성이 떨어지는 변화를 겪게 되는데, 이는 불교의 대중화와 배척화가 그 원인이 아닐까 한다. 절집을 다니면서 범종의 크기가 왜소하고 조각 기법이 다소 떨어지며 여러 개의 당좌가 보이거나 비천상 대신 불보살상이 있다면 고려 이후의 작품이라고 생각하면 된다.

석가모니부처님의 사리가 묻혀 있는 탑

엄밀하게 따지자면 모든 탑塔에 석가모니부처님의 사리 舍利가 있는 것은 아니다. 탑은 석가모니부처님 열반 후 몸에서 나온 사리를 안전하게 한곳에 모셔두기 위해 만들기 시작했다. 사리를 땅에 묻고 그 위에 돌이나 흙을 높이 쌓아 마치 무덤의 형태와 같이 만들고, 무덤이란 뜻의 스투파Stupa나 튜파Thupa로 불렀다. 탑이라는 말은 범어의 스투파나 팔리어의 튜파를 한자음으로 번역한 것으로, 탑파塔婆라 부르다가 시간이 지나면서 파婆자는 떨어져 나가고 탑塔자만 남아 통용되었다.

탑을 만들기 시작한 처음에는 석가모니부처님 열반 후 나온 사리를 여덟 나라에 고루 나누어 탑을 세우게 했으며, 더 이상 사리가 없자 빈 사리병만을 넣어 아홉 번째 탑을 만들고, 다비(불교식 장례법) 후 남은 재를 넣어 열 번째 탑을 만들었다. 사리가 신앙의 대상으로 확산되자 부처님의 머리카락, 족적足跡, 의발까지 넣어 탑을 만들었으며, 그것마저 없어지자 결국 처음 만든 여덟 개의 탑 중 일곱 개를 헐어 사리를 나누어 팔만사천의 수많은 탑을 만들었다. 사모하는 사람의 흔적이라도 바라보고 싶은 인간의 간절한 마음이 수많은 탑을 만들었으니 탑이야말로 사랑의 결정체가 아닐까? 탑을 돌면서 그리운 사람 아니 그리운 부처님을 그리워하자.

탑돌이

처음에는 불교의식이었던 것이 점차 대중화되어 민속놀이가 되었다. 현재 우리나라에서는 탑을 중심으로 오른쪽 방향으로 돌기도 하고 왼쪽 방향으로 돌기도 하는 등 탑돌이의 방향이 통일되어 있지 않다. 정성과 신심이 문제이니 그까짓 방향이야 어느 쪽인들 어떠랴만, 그래도 경전적, 교리적 근거를 찾아 통일하였으면 하는 바람이다. 실제로 사소한(?) 이 문제로 엄숙한 분위기가 깨지는 경우도 있으니 말이다. 제자들이 법을 청할 때 부처님 주위를 우측으로 세 번 돌던 '우요삼잡右繞三匝'도 참고할 내용이라고 하겠다.

탑

탑에는 다양한 것들이 들어 있다. 그렇지만 석가모니부처님의 몸에서 나온 사리가 들어 있다는 사실은 부처님을 사모하는 사람들에게 얼마나 큰 위안이 되었을 것인가. 불상이 만들어지기 전 탑이 중요한 예배의 대상이었던 이유이다. 그러므로 탑은 불상을 모시고 있는 법당과 함께 절집에서는 빠질 수 없는 구성요소였으며, 중국이나 우리나라에서도 불교의 전래와 함께 만들어지기 시작했다. 탑도 범종만큼이나 알아야 할 것이 많다. 구조나 재료에 따른 모양의 차이 등 구체적인 내용들을 하나하나 살펴보자.

먼저 탑의 구조를 위의 사진을 통해 살펴보면, 전체적으로 ①기단부基壇部, ②탑신부塔身部, ③상륜부相輪部의 세 부분으로 나누어진다.

①**기단부**는 하대석下臺石과 상대석上臺石으로 구성되어 있는, 지면으로부터 높게 만든 단이다. 상대석에 보이는 우주隅柱와 탱주撑柱는 목탑에서 석탑으로 이행하는 과정에서 영향을 받은 것이다.

탑의 구조

석탑의 비율

낙수면

②**탑신부**는 탑의 몸통 부분으로 탑신과 옥개석屋蓋石으로 구성되어 있다. 탑신과 옥개석이 하나의 층을 이루고 있는데 보통 3·5·7·9의 홀수로 만들어진다. 가장 기본 형태인 3층 석탑의 경우 그 비율이 4:2:2이다. 상식적으로 4:3:2가 가장 안정적이고 균형적일 것 같지만 탑은 아래에서 올려다보는 것이므로 2층과 3층의 길이가 같아도 3층이 멀어 작게 보인다는 착시현상에 착안하여 이렇게 만든 것이다. 옛 사람들의 거듭된 고민과 생각으로, 우리는 아무리 높은 탑을 보아도 무너질 것 같은 불안감보다는 안정적인 편안함을 느낄 수 있다.

그리고 옥개석이 계단처럼 생긴 것도 보일 것이다. 낙수면落水面이라 하는데, 빗물이 천천히 흘러 탑이 손상되는 것을 막았으니 그 지혜의 끝은 어디일까? 낙숫물이 바위를 뚫는다는 말이 있듯이 애정이 담긴 고민과 생각이 없었다면 힘차고 당당한 모습으로 역사의 현장을 지키는 석탑의 온전한 모습을 볼 수나 있었을까?… 참고로 낙수면은 신라탑에서 볼 수 있는 지혜이다.

③**상륜부**는 가장 윗부분에 해당하는 것으로 화려하게 장식되어 있다. 노반·복발·앙화·보개·수연·보주·찰주가 각각의 의미를 담고 차례로 그 자리를 지키고 있다.

노반露盤: 탑의 마지막 옥개석 위에 위치하며 복발·앙화·보개 등의 장식물을 받치고 있다.

복발覆鉢: 엎어 놓은 주발 같다고 하여 복발이라 하며 노반 바로 위에 자리한다. 극락정토極樂淨土를 상징하는 것으로, 탑이 처음 만들어질 때의 모습이 복발 위에 상륜부를 장식한 형태이다.

엎어 놓은 주발 모양의 인도탑

앙화仰花: 꽃이 위를 향한 모습으로 장식되어 있다.

보륜寶輪: 둥근 구슬 모양의 장식으로 <u>전륜성왕</u>轉輪聖王을 상징한다. 4가지 종류의 전륜성왕을 상징하여 둥근 구슬 4개를 장식한다.

보개寶蓋: 천개天蓋라고도 하며, 귀한 신분의 상징인 보륜寶輪을 덮고 있는 덮개이다. 보석으로 장식된 우산寶傘이라 생각하면 쉬울 것이다.

● **전륜성왕**은 세속의 통치자를 아무런 장애 없이 불법佛法의 바퀴를 굴리는 부처와 같이 귀한 존재로 인식하는 것이다. 『대비바사론』에 의하면 4종류가 있는데, ①금륜왕은 수미4주須彌四洲를 통치하고, ②은륜왕은 수미3주를 통치하며, ③동륜왕은 수미2주를 통치하고, ④철륜왕은 남염부주 1주만을 통치한다고 한다.

수연水煙: 불꽃 모양을 새겨놓은 장식으로, 불법이 어두운 사바의 세계(인간세상)를 환히 비추어 밝힌다는 의미를 담고 있다.

용차龍車: 작고 둥근 모양을 하고 있는데, 위대한 힘을 상징하는 것이다.

보주寶珠: 용차와 같은 모양의 구슬 장식으로 불꽃 무늬가 새겨져 있다.

찰주刹柱: 상륜부의 전 구성물을 꼬치처럼 끼우고 있는 철제 촉으로 꽃술 모양을 하고 있다. 탑을 낙뢰落雷로부터 보호하려는 의도도 있었을 것이다.

절집에서 탑은 주불이 계신 중심 전각 앞에 1탑이 배치되거나 좌우대칭으로 쌍탑이 배치되는 것이 일반적이다. 석가모니부처님의 진신사리를 담고 있는 것이 탑인 만큼 절집의 중심에 위치하는 것은 당연하다.

탑은 재료와 형태에 따라 3가지 정도로 분류하고 있는데, 그 지역에서 가장 구하기 쉬운 재료들을 이용하여 만들어지는 것이 일반적이다. 화강암으로 만든 석탑이 우리나라에 가장 많은 이유이기도 하다.

이 목조탑의 원형을 보여 주는 귀한 자료들이다.

목조탑의 원형을 보여 주는 법주사 팔상전과 쌍봉사 대웅전

목탑의 영향을 받은 익산 미륵사지 석탑(백제시대). 현재 해체 복원공사 중.

재료에 따라

① **목탑**木塔: 재료가 나무이다. 유난히 부침이 심했던 우리의 역사 환경에서 목탑이 남아 있기는 힘들다. 현존하는 목탑은 1기도 없지만 문헌을 통해 복원한 황룡사 9층 목탑이라든지, 목탑은 아니지만 법주사 팔상전과 쌍봉사 대웅전 등

팔공산 송림사의 전탑

②**전탑**塼塔: 재료가 흙으로 구운 벽돌이다. 전탑은 우리나라에서 보기 힘든 탑이다. 팔공산자락의 절집 송림사 마당에 5층 전탑이 자리하고 있어 그 원형을 볼 수 있다.

모전석탑模塼石塔: 석탑이기는 하나 돌을 벽돌 모양으로 깎아 만든 탑이다. 유명한 경주 분황사의 모전석탑과 태백산 정암사 7층 모전석탑(일명 수마노탑)이 대표적이다.

③**석탑**石塔: 재료가 돌이다. 구하기 쉽고 견고성이 뛰어나 통일신라시대가 되면 목조탑 양식에서 벗어난 전형적인 석탑의 형태가 나타난다. 불국사 석가탑이나 감은사지탑 등이 그 대표적인 예이다. 전체적인 균형이 잘 잡혀 아름다울

경주 분황사 모전석탑과
강원도 정선 정암사 수마노탑水瑪瑙塔

경주 불국사 석가탑　　　　　　경주 감은사지탑

뿐 아니라 웅장하고 당당한 기풍이 넘쳐 흐른다.

　이러한 전형적인 석탑들은 후기에 접어들어서는 규모가 축소되고 기단이나 탑신에 신중상이나 보살상을 조각하기도 하고, 돌을 다루어온 시간이 길어질수록 불국사 다보탑과 같이 틀을 벗어난 석탑이 만들어지기도 하였다. 마치 돌을 떡 주무르는 것처럼 다룬 신기에 가까운 작품들이 나타나기 시작했던 것이다.

　석탑은 고려시대에 들어 불교의 대중화에 힘입어 왕성하게 건립되었는데, 전남 화순에 있는 운주사에 가면 조화와 균형미가 다소 떨어지고 크기도 왜소해졌지만 소박하고 정겨운 석탑들이 부처님을 향한 사모의 마음을 담고 서 있다.

운주사의 정겨운 석탑

2009년 10월, 경주 불국사 다보탑 사진이 필요하여 절집을 찾았다. 아뿔사! 다보탑은 온통 천으로 가려진 채 수리에 들어가 있었다. 이럴수가… 안타까운 마음에 우왕좌왕하다 경주국립박물관 마당에 모형을 만들어 놓았다는 정보를 입수하고 급하게 박물관으로 향했다. 우려했던 일이 그대로 벌어져 있었다. 정교한 조각 하나하나는 담았는지 모르겠지만 생명이 없었다. 긴 세월을 담은 마음이 없으니 살아 있는 다보탑이 아니었다. 허탈함만 가득 안은 채 지는 해를 뒤로 하고 열심히 찍었다. 옆에 있는 사진으로 그날의 마음이 전달될지 모르겠다.

다보탑 수리가 끝나 공개되었다는 소식에 달려갔다. 하지만 또 한 번 아쉬운 발걸음이 되고 말았다. 묵은 때를 말끔히 씻어내고 뽀얗게 그렇게 앉아 있는 다보탑, 그러나 내가 그렇게 보고 싶었던 그 탑이 아니었다. 구석구석을 어루만지며 나누었던 기억들이 하나도 없었다. '제행무상諸行無常', 부처님 말씀이 진리임을 확인하는 자리였는데 깨달음보다는 아쉬움이 더 컸다.

형태에 따라

①복발탑覆鉢塔: 엎어놓은 주발같은 인도 초기의 탑 형식이다.
②중층탑重層塔: 탑신부가 중층으로 이루어진 탑으로 목탑·전탑·석탑에 다 적용된다. 일반적으로 3·5·7·9 등의 홀수 층으로 이루어지는데, 생명을 상징하는 수를 이용한 것이다.

1 2

탑 | 45

풍령風鈴: 탑의 옥개석 네 귀퉁이에 매달린 종이다. 풍탁風鐸이니 풍경風聲으로도 불리는 것으로 장식적인 효과와 함께 그 소리의 조화로움이 아름답기 그지없다. '바람이 불면 이는 소리의 조화를 들어보지 않았으면 말을 말아!~'이다.

③ 이형탑異形塔: 전형적인 형태를 벗어난 석탑들로 불국사 다보탑이 대표적이다.

중층의 석탑들
1. 불국사 3층 석탑(석가탑)/통일신라
2. 부여 정림사지 5층 석탑/백제
3. 정선 정암사 7층 모전석탑
   (수마노탑)/고려
4. 오대산 월정사 8각 9층 석탑/고려
5. 경주 정혜사지 13층 석탑/통일신라

국립경주박물관의 다보탑 모형

3   4   5

고승高僧의 사리가 묻혀 있는
부도

양주 회암사지의 무학대사 부도

교종敎宗이 부처님이 깨달으신 후 45년간 설법하신 내용을 토대로 수행하는 종파라면 **선종**은 불립문자不立文字·교외별전敎外別傳, 즉 말이나 문자를 세우지 않고 내 본래의 성품인 부처를 찾는 일, 견성見性을 궁극적인 목표로 삼는 종파이다.

탑에 석가모니부처님의 사리가 묻혀 있다면 부도浮屠에는 수행이 높은 승려의 사리나 유골이 묻혀 있다. 부도는 통일신라 말 중국의 **선종**禪宗이 우리나라에 들어오면서 생겨나게 되었는데, 수행이 높은 승려를 숭배하는 선종의 발달과 함께 성행하게 되었다. 부도는 보통 절집 입구나 외진 곳에 따로 모셔두었으니 잘 찾아보아야 볼 수 있다. 또한 여러 기를 한 군데 모아 놓은 부도전은 장엄하기까지 하다.

전라남도 해남의 절집 미황사의 부도밭은 죽음에 대한 고민을 깊이 해본 사람에게 권하고 싶은 곳이다. 한적한 길을 따라 오르다 보면 예쁜 들꽃들을 보면서 작은 생명의 잔치에 동참할 수 있다. 아! 살아보고 싶다. 작고 이쁘게… 한참을 길을 따라 오르다 보면 담장 너머 무수한

![달마산 미황사 부도밭]

부도들이 존재의 힘으로 자리하고 있다. 무수한 존재들이 제각각의 모습으로 있지만 흐트러짐 없이 조화롭다. 넋 놓고 앉아 자신을 돌아보면 죽을 이유가 하나도 없다. 용솟음치는 생명의 힘을 안고 그 길을 내려올 수 있다. 이건 무슨 힘일까?

달마산 미황사 부도밭

부도는 탑과는 달리 단층의 건물 형식이다. 팔각원당형八角圓堂形이나 종형鐘形이 기본적인 형식이며, 탑과 마찬가지로 기단부·탑신부·상륜부로 나누어지는데, 상륜부는 탑에 비해 단순하다.

조각기법이 뛰어난 팔각원당형의 부도로 대표적인 곳이 구례 연곡사의 부도와 화순 쌍봉사의 철감선사부도이다. 특히 연곡사의 부도는 조각 하나하나가 살아 있는 듯하여 보는 재미가 쏠쏠하다.

화순 쌍봉사 철감선사부도

구례 연곡사의 팔각원당형 부도

종형의 부도는 절집마다 있어 가장 흔하게 볼 수 있다. 단순하지만 힘이 느껴진다. 아래 사진은 비슬산의 절집 용천사의 부도들이다. 처음 보는 순간, 그 기에 눌렸다. 헉! 힘차다! 내 죽어 저런 기운을 뿜으려면 살아생전 얼마나 혹독한 수행을 해야 할까.… 자신 없다! 그저 기운이나 받고 가련다.

비슬산 용천사 부도밭

불법佛法을 밝히고 서 있는 석등

석등石燈은 전각 앞이나 탑의 앞에 위치하며 불을 밝히는 등불을 넣어 둔다. 등불을 밝히는 것은 가장 으뜸 되는 공양이다. 삼국시대부터 만들어지기 시작한 석등이 절집 중심부에 자리하는 이유이다.

석등은 기본적으로 하대下臺·중대中臺·상대上臺의 세 부분으로 나누어져 있으며 중대에는 기둥과 같은 간주석竿柱石이 있고 상대에는 등불을 넣는 화사석火舍石과 옥개屋蓋가 있으며 정상에 보륜寶輪·보개寶蓋·보주寶珠 등을 장식하였다. 석등에서 가장 중심이 되는 부분은 화사석인데, 8각의 4면에 화창火窓을 설치하고 나머지 4면은 화사벽으로 되어 있는 것이 기본형이다. 그러나 시대가 지나면서 화사벽을 조각으로 장식(뒤 사진①)하기도 하고 8면에 모두 화창을 내는 경우(뒤 사진②)도 생기게 되었다.

석등의 구조

①속리산 법주사 사천왕 석등　　②남원 실상사 석등

③경주 불국사 석등　　④속리산 법주사 쌍사자 석등

　　간주석竿柱石을 사자(④)나 장구(②)의 모습으로 변형
하기도 하고, 화사벽에 사천왕상四天王像을 조각(①)하

기도 하였으며, 8면을 모두 화창으로 만든(②) 모습을 볼 수 있다. 특히, 실상사의 경우 석등 앞에 배례석拜禮石까지 갖춘(②) 보기 드문 모습이다.

초기 절집의 전각은 법회의 장소라기보다 불보살을 모시는 곳이라는 생각이 컸기 때문에 전각의 크기가 지금처럼 크지 않아서 왕족이나 귀한 신분이 아니면 전각 안으로 들어갈 수 없었다고 한다. 그러나 어찌하랴! 사모하는 부처님을 보고 싶은 마음은 너나없이 똑같은데… 절집의 넉넉한 품이 문제를 그대로 놔둘 리 없다. 석등의 화창을 통해 부처님을 뵐 수 있도록 설계함으로써 백성들의 갈증을 해소시켰던 것이다. 석등의 화창을 통해 대웅전에 계시는 부처님을 만날 수 있으니 꼭 경험해 보았으면 좋겠다. 그러나 카메라 렌즈를 통해 보아야 보일 것이다.

절집에는 한옥같이 생긴 집들이 많다. 불보살님들이 사는 집, 전각(殿閣; 사실 불보살님이 계신 곳을 전殿이라 하나 여기서는 전각殿閣이라 부르기로 한다)이다. 나는 남의 집 살림살이 구경하는 것이 참 좋았다. 예전부터… 내 맘에 들면 드는 대로, 그렇지 않으면 또 그런대로 재미가 있었다. 어쩌면 잘 차려진 살림살이들보다 그 속에서 느껴지는 사람 냄새가 더 좋았는지 모르겠다.

절집 살림살이 구경도 나에겐 예외 없이 재미있는 놀이였다. 절집의 전각들도 하나하나 사연을 담고 이야기를 풀어가기 때문에 들여다보고 있으면 여간 재미있는 것이 아니었다. 자주 찾다보니 재미를 넘어 궁금함이 자리 잡게 되었다. 이건 뭘까? 저건 뭘까?

이런 나의 맘을 헤아리기라도 하듯 너그러운 절집에는 '자원해설판'이란 것이 서 있었다. 기쁜 맘으로 열심히 읽어 내려갔지만 헉! 어려웠다. '도대체 뭔 소리인지 알 수 없음'이었다. 인간은 궁금해지면 움직인다. 궁금한 것이 많아지면서 나도 열심히 공부했다. 아주 간단한 지식만 있으면 금방 해결될 문제를 너무 많은 시간과 노력을 투자해서…

다행이다! 그 시절 나의 무지한 노력이 헛되지 않아서 간단하면서 필요한 내용들만을 정리할 수 있었다. 여기 정리된 내용들은 절집 '자원해설판'을 무리 없이 읽을 정도의 간단한 것들이다. 더 깊이 알고 싶다면 도서관과 현장을 넘나들며 열심히 공부하면 된다. 글자만으로 익힌 지식은 절대 자기 것이 될 수 없음을 명심하고…

목조건축 양식

전각의 전체적인 모습을 이해하기 위해서는 목조건축 양식에 대한 기초적인 내용들을 알 필요가 있다. 여기서는 절집에 필요한 내용들만을 정리하기로 한다.

1. 주심포양식과 맞배지붕 그리고 빗살창과 배흘림기둥

주심포柱心包양식에 맞배지붕 그리고 빗살창에 배흘림기둥, 화려한 단청이 없는 것은 가장 조화로운 조합이다.

주심포양식이란 건물의 기둥 위에만 공포栱包가 배치되는 것을 말한다.

공포는 처마 끝의 무게를 기둥과 벽으로 전달시켜 주는 조립 부분으로 건물의 형식을 결정짓는 중요한 것이다.(주심포, 다포, 익공…)

빗살창

주심포양식의 수덕사 대웅전 정면과 측면

풍판風板이 있는 맞배지붕

목조건축 양식

배흘림기둥. 기둥의 직경이 밑에서 1/3지점에서 가장 크고 아래로 내려갈수록 작아지는 기둥

부연
겹처마(부연 + 서까래)
공포
기둥

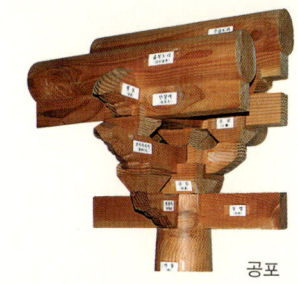

공포

주심포양식은 삼국시대나 고려시대에 활발하게 만들어졌으나 고려 중기 이후 등장하기 시작한 다포양식에 밀려 차츰 그 수가 줄어들게 되었다.

목조건축물은 기둥과 기둥 사이를 1칸으로 계산함으로써 그 크기를 가늠한다.

정면 몇 칸, 측면 몇 칸의 방식으로 표현한다. 기둥과 기둥 사이가 넓든 좁든 1칸이다. 사진의 수덕사 대웅전의 경우, 정면 3칸 측면 4칸의 크기가 된다.

주심포 양식은 측면의 뼈대를 드러내는 것이 특징인데, 그렇기 때문에 측면의 장식에 신경을 많이 쓴다. 지붕 역시 가장 간결한 맞배지붕을 함으로써 조화를 더하였다. (같은 주심포양식이나 영주 부석사 무량수전의 경우는 팔작지붕이다)

가구(架構; 기둥이나 공포 위에 얹혀 내부공간을 형성하는 구조나 구조물의 총칭) 형식은 보통 3·5·7·9량樑 가구로 분류하는데 수덕사 대웅전은 9량樑, 봉정사 극락전은 7량이다.

주심포양식의 경우는 배흘림기둥을 주로 사용한다. 기둥의 직경이 밑에서 1/3 지점에서 가장 크고 아래로 내려올수록 작아지는 기둥으로 자연스럽게 흘러내리는 아름다움이 있다. 단조로운 주심포양식에 작은 변화를 준 배흘림기둥을 세움으로써 멋스러움을 더했다. 절집을 다니다 이런 조화로움을 만나면 쉽게 그 자리를 떠날 수 없다.

창살마저 조화롭다. 화려한 꽃살창이었으면 얼마나 어색했을까? 그리고 울긋불긋 단청이 입혀져 있었다면 주심포양식을 보는 것이 얼마나 불편했을까? 그러나 걱정할 필요가 없다. 좀처럼 보기 힘드니까!… 빗살창의 문을 달아 조화로움을 더했으니 얼마나 다행인가!

현존하는 주심포양식의 건축물은 안동 봉정사 극락전, 영주 부석사 무량수전 등이 있으나 필자가 가장 아끼고 사랑하는 것은 1308년 만들어져 우리나라에서 가장 오래된 목조건축물로 평가되는 국보 제49호 예산 수덕사 대웅전이다. 수덕사와 작은 인연이 있어 자주 다닐 때가 있었다. 갈 때마다 대웅전을 만나는 기쁨에 힘들게 올라야 하는 계단도 문제가 되지 않았다. 군더더기라곤 찾아볼 수가 없는, 고고하고 기품이 있는, 이성적이나 차갑지 않은… 그 모습이 너무 좋아 기념품 가게 옆 작은 돌 위에 앉아 하염없이 쳐다보곤 했다. 늘 그 자리에서 나를 기다려 주리라는 믿음은 지금도 진행형이다.

2. 다포양식과 팔작지붕 그리고 꽃살창과 민흘림기둥, 화려한 단청

다포多包양식과 팔작지붕, 그리고 꽃살창과 민흘림기둥, 화려하고 아름다운 단청, 이것 또한 아주 조화로운 조합이다.

다포양식은 고려 후기 원으로부터 영향을 받아 만들어진 건축양식으로 기둥과 기둥 사이에 공포를 여러 개 둠으로써 외관이 장중하고 화려한 느낌이 들게 한다. 지붕 역시 화려한 다포와 어울리는 팔작지붕이다. 팔작지붕은 합각지붕이라고도 하는데,

꽃살창

지붕 위에 박공牔栱이 달린 삼각형의 벽이 있는 지붕으로 주심포양식에 쓰이기도 하나 주로 다포양식에 어울린다.

화려하고 장중한 느낌의 다포양식에 걸맞는 창살은 역시 꽃살창이다. 채색이 있든 없든 절집 꽃살창은 다 예쁘다. 기둥은 단순한 형태의 민흘림기둥을 함으로써 자칫 화려하기만 해서 들뜰 수 있는 외관을 차분하고 힘 있게 눌러 준다.

화려하고 아름다운 단청은 다포양식의 건축물을 더욱 돋보이게 한다.

단청丹靑은 ①밝고 화려한 색채와 문양으로 장식적인 효과와 함께 건축물의 위엄과 권위를 표시하기도 하였으며, ②벽사(辟邪: 귀신을 쫓음)의 의미도 있었지만, ③무엇보다도 우리나라 목조건축물에 많이 쓰였던 목재 소나무의 단점을

● 민흘림기둥은 원형통의 기둥을 위로 올라가면서 가늘게 만든 것이다.
● 단청은 전통의 5색色을 사용하여 건축물이나 조상造像·공예품을 채색하는 것이다.

기둥과 기둥 사이에 공포가 있는 다포양식

열덟 팔(八)자 모양의 팔작지붕

보완하여 건축물의 수명을 늘리기 위한 이유가 컸다. 소나무는 목질은 강한 반면 표면이 거칠고 건조 시 갈라지는 현상이 크며 해충과 부식의 피해가 있었으므로 단청을 함으로써 이러한 단점을 보완할 수 있어서 우리나라에 단청이 발달했던 것이다.

단청에 쓰였던 청·적·황·백·흑의 5색은 색마다 의미를 두고 예전부터 써 오던 전통색이다. 오방색五方色이라 하여 방위로는 청-동, 백-서, 적-남, 흑-북, 황-중앙을, 의미적으로는 백·흑·적-재앙이나 악귀를 막는 주술색, 황-황제색, 청-희망·청춘의 색으로 인식하였다.

단청은 그 문양도 다양하지만 절집의 단청은 불전을 화려하고 아름답게 장식하는 것인 만큼 불교와 관련된 다양한 문양이 사용되었다.

팔공산 동화사의 단청들

위 사진은 대구 팔공산 자락의 절집 동화사의 단청들이다. 화려하고 아름다운 색채의 잔치다. 특히, 불전을 장식한 단청들을 보면 부처님의 위엄과 권위를 드러내기 위해 애쓴 장인의 모습이 떠오른다. 전국의 절집들을 돌다보면 '불전佛殿 장엄莊嚴'이란 말이 절로 나온다. 신기에 가까운 솜씨를 부려 하나하나 조각하고 채색한 모습을 보면 입이 떡 벌어진다.

3. 익공양식과 하앙공포양식

익공翼工양식은 주심포양식을 간략화한 것으로 유사한 점이 많으나 격식과 꾸밈새가 다르다. 기둥 위에 새 날개처럼 생긴 장식물이 놓여 있는데 기둥은 주로 민흘림기둥을 사용하며 주심포양식처럼 기둥 위에만 배치한다. 조선시대 건축물에 주로 사용되었으며 주심포양식의 건축물보다 격이 낮거나 규모가 작은 건축물에 이용되었다. 초익공初翼工과 이익공二翼工의 2가지 종류로 대별된다. 이익공은 초익공이 하나 더 있는 것으로 생각하면 된다.

하앙공포下昂栱包양식은 우리나라에

목조건축 양식

이익공
초익공

서는 보이지 않았으나 중국이나 일본에서는 적지 않게 보이는 목조건축양식이다. 그래서 일본은 하앙공포양식은 한국을 거치지 않고 중국에서 일본으로 직접 영향을 주었다는 주장을 펼치다가 1970년 전북 완주 화암사 극락전에서 하앙下昻이 발견되면서 큰 충격을 받기도 하였다. 이것은 일본에서는 충격적인 일이었으나 우리나라에서는 '건조물 문화재계의 해방 이후 최대의 발견'이라는 극찬으로 평가되는 일이었다. 하앙은 기둥 위에 배열된 포작과 서까래 사이에 끼워진 긴 막대기 모양의 부재로, 하앙 위에 서까래를 얹으면 처마를 다소 길게 빼어도 안정적인 균형감을 느낄 수 있으며, 홑처마의 경우 겹처마의 효과를 얻기도 한다.

비가 많은 지방에서 처마를 길게 빼냄

서까래
포작
하앙

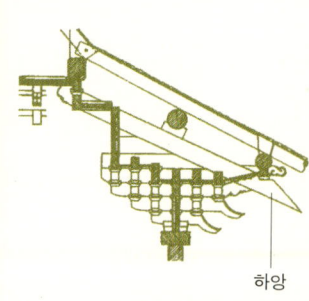

하앙

58 | 목조건축 양식

완주 화암사의 극락전

으로써 비도 피하고 건물도 안정적으로 보이게 하는 일석이조一石二鳥의 효과를 노린 건축법이라 우리나라보다 비가 많은 일본에서 더 많이 사용되었을 뿐일 텐데, 마치 발달된 건축법을 자기들만 알고 있는 듯 우쭐하다 망신을 당한 꼴이다.

전북 완주의 절집 화암사의 극락전은 우리나라에서 하앙공포 양식을 볼 수 있는 유일한 곳이다. 단풍이 익을 무렵 텅 빈 마음과 몸으로 호젓한 산길을 올라 화암사에 가면 바로 극락이 있다.

4. 내부구조
전塼 바닥

바닥은 흙이나 온돌·마루·전 바닥이 있다. 전 바닥은 바닥에 돌을 까는 양식인데 평석平石·박석薄石·벽돌 등의 재료를 사용한다.

천장

우물천장: 우물 정井자 모양의 틀에 널판을 덮어 만든 천장이다.

보개寶蓋천장: 가운데를 높게 하여 보개처럼 만든 천장이다.

연등천장: 천장을 가설하지 않고 서까래를 노출하여 만든 천장으로 주심포양식에 사용되었다.

빗천장(삿갓천장): 경사진 천장으로 옆벽 위에서 안쪽으로 비스듬히 올려 꼭대기에서 맞붙은 삿갓 모양의 천장이다.

귀접이천장: 사방의 귀를 접는 방식의 천장인데 4모정·6모정·8모정의 모임지붕의 양식에서 볼 수 있다.

보개천장+우물천장   연등천장

빗천장   귀접이천장

사모지붕

육모지붕

팔모지붕

4부 절집의 전각들

각 전각의 순례가 시작된다.
중생의 아픔을 치유하기 위해
중생의 어리석음을 깨우치기 위해
중생에게 복을 주기 위해…
그렇게 그 자리에 계신 불보살님의 집을 구경한다. 이제부터…

불전의 내부

금정산 범어사의 대웅전 외부와 내부 모습

불보살단(불단, 수미단)

하단(측면)

아미타삼존도

상단(정면)

불전의 내부

불전의 내부는 전체적으로 상단·중단·하단의 3단으로 구성되어 있다.

상단上壇은 정면의 불보살단佛菩薩壇으로 가장 중심이 된다. 전각의 주존불主尊佛이 화려하고 장엄한 장식 속에 자리하고 계신다. 주존불 뒤로 후불탱화後佛幀畵가 걸려 있다. 중단中壇은 신중단神衆壇으로 호법신장의 무리가 그려진 탱화[護法神衆幀]가 걸려 있다. 하단下壇은 영단靈壇으로 영가(靈駕; 돌아가신 분)의 위패나 죽음 이후 세계와 관련된 탱화가 걸려 있다.

처음 절집을 찾는 사람들은 대웅전에 들어서면 어디서부터 어떻게 절을 해야 할지 어리둥절하게 된다. 보통 상단 중단 하단의 순서로 3번씩 절을 하면 된다.

대웅전 내부 모습

중단(측면)

석가모니부처님의 일생이 파노라마처럼 펼쳐진
팔상전

지리산 천은사 팔상전 현판

깨달음은 번뇌를 끊고 지혜를 얻어 삼계三界에 윤회하는 일이 없음을 말한다.

속리산 법주사 팔상전의 팔상도

지금쯤이면 부처〔覺者〕니 깨달음이니 하는 것들이 궁금할 때가 되었다. 절집의 각 전각을 둘러보면서 하나하나 알아보도록 하자. 즐겁고 재미있게…

석가모니부처님은 대략 기원전 560년경에 태어나셔서 29살에 출가하시고 35살에 깨달음을 얻은 후 열반에 드신 80세까지 45년간을 드넓은 인도 대륙을 맨발로 걸어서 오직 중생을 사랑하는 마음 하나로 교화하신 분이다.

석가모니부처님은 신이 아니라 인간이셨다. 팔상전八相殿은 인간 석가모니부처님의 일생을 여덟 개의 장면으로 압축하여 묘사해 놓은 팔상도八相圖를 봉안한 곳이다. 각 장면마다 치밀한 구성과 각 인물의 특징적인 묘사로 단절 없이 이야기가 전개되므로 찬찬히 보면서 내 안의

부처 찾기에 도전해보자. 아주 훌륭한 멘토 Mentor, 석가모니부처님을 통해서…

아래 사진들은 속리산 법주사 팔상전捌相殿이다. 현판이 특이한데 보통 절집의 팔상전은 여덟팔八자를 사용하나 법주사의 경우 여덟팔捌자를 사용하였다. 목탑 양식의 건축물로 유명한 법주사 팔상전은 사방을 둘러 2폭씩의 팔상도와 여러 부처님을 모시고 있다. 특히 앙증스러운(?) 열반상(涅槃像: 누워있는 불상)까지 볼 수 있어 드라마틱하다. 다른 절집의 경우 팔상도를 한 폭씩 사방 벽을 둘러 걸어 놓았다. 우리나라 대표적인 팔상전이니 다른 절집과 비교하면서 한 번 보기를 권한다.

속리산 법주사 팔상전 현판

석가모니(釋迦牟尼: 샤카무니의 음역)부처님은 석가족 출신으로 기원전 6세기 중엽 인도의 중북부 카피라바스투(네팔의 타라이 분지 일대)에서 태어나셨다. 석가모니라 함은 석가족의 위대한 사람이란 뜻이다.

석가모니부처님은 아버지 숫도다나왕(淨飯王)과 어머니 마야摩耶부인 사이에서 태어나셨다. 본명은 고타마 싯다르타였다.

왕과 왕비는 오랫동안 바라던 아들을 상당히 늦은 나이에 얻게 되었는데, 어느 날 마야부인은 흰 코끼리가 태

고타마는 '소 가운데 가장 훌륭한 소'라는 의미인데, 이것으로 보아 당시 소를 숭배했음을 추측할 수 있다. 싯다르타는 '뜻을 성취한다 또는 모든 것을 다 이룬다'는 의미이며, 悉達多(실달다)로 음역하였다.

통도사 팔상탱의 도솔래의상

내에 들어오는 꿈을 꾸고 임신을 하였다.

(1) 도솔래의상(兜率來儀相; 도솔천에서 내려오는 모습):
도솔천(兜率天; 삼계 28천 위 33천에 위치)에서 수행하던 석가모니부처님이 성스러운 무리들의 호위를 받으며 마야부인의 태 속으로 들어가는 내용과 그것을 꿈꾸고 있는 마야부인의 모습이 생동감 있게 묘사되어 있다.

그림에서 흰 코끼리를 찾았다면 석가모니부처님의 출생 내력을 설명하고 있는 도솔래의상인 팔상도의 첫 번째 장면이다. 팔상도는 순서를 잘 지키며 관람해야 석가모니부처님의 일생을 바로 이해하는 것이니 포인트를 잡아 순서대로 관람하기 바란다.

● 달이 차서 출산할 때가 되자 마야부인은 고향인 데바다하로 길을 떠났다. 그러나 도착하기도 전에 룸비니 동산의 사라수 아래서 석가모니부처님을 낳았다. 당시 신비한 기운을 느낀 선인들이 태자의 모습을 보고자 모여 태자의 관상을 보고 예언하기를, "왕위를 이으면 천하를 통일할 전륜성왕이 될 것이고, 출가를 하면 인류의 성인이신 부처님이 될 것입니다." 왕은 선인의 이런 예언을 듣고 태자가 전륜성왕이 아니라 부처가 될까 몹시 근심하였다.

흰 코끼리를 탄 부처가 둥근 원 속에!

(2) 비람강생상(毘藍降生相; 사바세계로 내려오셔서 탄생함): 룸비니 동산에서의 석가모니부처님의 탄생이 잘 묘사되어 있다. 절집마다 팔상도의 내용이 조금씩 다르게 묘사되어 있지만 포인트는 같다. 비람강생상의 포인트는 발가벗은 아기 부처님이 한 손을 들고 서 있는 모습이 중앙에 묘사되어 있는 것인데, 이것은 석가모니부처님이 태어나자마자 한 손을 들어 하늘을 가리키고 한 손으로는 땅을 가리키며 "천상천하유아독존天上天下唯我獨尊"이라고 말했다는 탄생설화를 묘사한 것이다.

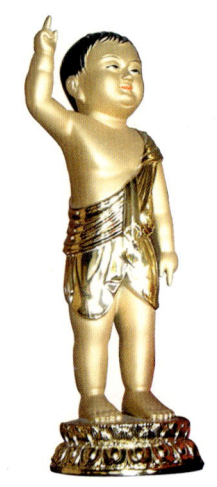

아기부처님(탄생불/誕生佛)!

● 태자의 청소년기는 부족할 것 없는 호화스러운 생활이었다. 하지만 어머니 마야부인이 태자를 낳은 지 7일 만에 돌아가시고 이모인 마하 푸라자파티가 왕비가 되어 태자를 양육하여서 그런지 태자는 유독 감수성이 예민하고 사색적이었다. 특히, 삶과 죽음에 관한 의문이 많았는데 그러한 생각이 들 때마다 누구도 이러한 문제에 답을 해 줄 사람이 없다는 것을 안타까워했다.

(3) 사문유관상(四門遊觀相; 동서남북의 사대문을 오고가면서 본 것들): 태자는 봄이 되어 궁 밖으로 나들이를 나가게 되었다. 궁에서의 부족할 것 없는 호화스러운 생활에 반反해 만물이 소생하는 힘찬 기운의 계절에 ①늙어 힘이 없고 ②괴로움 속에 병들어 가는 사람과 ③죽음을 맞이한 이의 행렬 그리고 ④고뇌에 찬 세속의 삶을 떠난 출가사문出家沙門의 모습을 보고, 생로병사의 고통과 괴로움 속에서 살아가는 인간 존재에 대한 의문은 더욱 커져만 갔고 의문을 풀어 답을 얻고자 하는 생각은 더욱 간절해졌다. 그 간절함은 출가의 결심으로 이어졌다. 사문유관상에는 이러한 모습이 잘 묘사되어 있는데 동서남북의 사문四門에 왕의 행렬과 늙어 허리가 구부러져 지팡이를 짚은 사람, 병들어 거적에 누워 있는 환자, 죽은 이의 행렬, 출가한 사문(沙門; 슈라마나, 구도자)이 네 귀퉁이에 있으니 찬찬히 찾아보시길…

● 봄나들이를 다녀온 태자가 더욱 깊은 생각에만 빠져들자 왕의 근심은 커져만 갔다. 왕은 태자를 결혼시켜 안정을 찾아주고자 이웃나라 공주인 야쇼다라를 태자의 비로 맞이하였다. 그러나 결혼 후에도 태자의 출가에 대한 마음은 사라지지 않았고 다음 해 아들이 태어나자 출가의 결심을 단행하게 되었다. 왕은 손자의 탄생 소식에 탄식하며 '라후라羅睺羅'라고 했다. 라후라는 장애障碍라는 뜻으로 왕위를 이을 아들까지 낳은 태자를 더 이상 잡아

통도사 팔상탱의 비람강생상

통도사 팔상탱의 사문유관상

둘 수 없음을 알고 이렇게 말했다고 하며 이것이 바로 싯달타 태자의 아들 이름이 되었고 라후라는 부처님 성도(聖道; 깨달음) 후 그의 제자가 되었다.

(4) 유성출가상(踰城出家相; 성을 넘어 출가를 단행하는 태자) : 성벽에 둘러싸여 있는 궁의 모습이 묘사되어 있다. 시끌벅적하던 궁이 조용해진 어느 날 밤 태자는 사랑하는 아내와 아들을 뒤로 하고 성을 넘어 출가를 단행하게 되는데 이러한 모습이 묘사되어 있는 것이 유성출가상이다. 그러므로 포인트는 성벽으로 둘러싸여 있는 궁의 모습이다. 그리고 흰 말을 타고 있는 태자의 모습이 그려져 있기도 하다.

사문(구도자)의 모습
(범어사)

● 태자가 생로병사의 인간 존재에 대한 의문과 그에 대한 답을 구하고자 결심을 하면서 늘 꿈꿔왔던 출가는 도대체 어떤 것인가? 당시 인도에서는 단순히 의식만을 집전하고 강조해 오던 기존의 종교인들인 브라흐만에 대한 권위와 존경이 점점 약해지고, 세속을 떠나 산간에서 간소한 생활을 영위하면서 도를 구하는 출가 수행자인 슈라마나(구도자; 沙門)가 새로운 정신적인 지주로 등장하기 시작하였다. 태자 또한 이러한 종교인들에 대한 존경과 생의 의문을 타파하고자 하는 갈망으로 출가를 단행하게 되었다. 시끌벅적하고 화려했던 궁이 조용해진 어느 날 밤 태자는 눈물로 가로막는 마부 찬다카에게 "부처가 되어 깨달음을 얻기 전에는 다시 고향 땅을 밟지 않겠다."는 말을 남기고 궁의 담을 넘어 숲으로 가서 지나가던 사냥꾼과 옷을 바꿔 입고 차고 있던 칼로 머리와 수염을 깎고 사문들이 수행을 하는 설산으로 들어가 6년간의 뼈를 깎는 고행을 시작하였다. 당시 인도 종교인들의 일반적인 수행 방법이 극단적으로 육신을 괴롭히는 고행이었기 때문에 태자도 이 방법을 택했던 것이다.

『마하시하나다경』에 당시 고행의 실체를 잘 드러내고

있는 구절이 있는데, 태자도 역시 이러한 고행을 하지 않았을까? "몸에는 옷을 걸치지 않고 언제나 알몸이었으며 예의는 모두 무시하였다. 식사 초대는 결코 받아들이지 않았으며 물고기·고기·술을 먹지 않고 하루 한 끼니로 시작하여 반달 동안에 한 끼만으로 견디기에 이르렀다. 야채와 생쌀·참깨가루·풀의 열매·저절로 떨어진 과일만을 먹고, 삼옷이나 묘지에 버려진 시체를 쌌던 헝겊·내버린 누더기를 이어서 만든 옷·사람이나 말의 머리털로 짠 옷·부엉이의 날개깃으로 만든 옷 등을 걸치고, 수염이나 머리카락을 뽑는 고행, 똑바로 서는 직립의 고행, 앉지 않는 부좌不坐의 고행, 항상 웅크리는 고행, 가시 돋친 자리에 눕는 고행, 하루에 세 번 목욕하는 고행을 했다. 또 아무리 작은 생물이라도 혹 부주의로 죽이지 않을까 염려하여 언제나 길을 갈 때나 돌아올 때 주의를 하고 한 방울의 물에도 세심한 주의를 기울였다. 깊은 산이나 숲속에서 홀로 수도를 하며 마치 사슴이 사람의 모습을 보고 도망치듯이 숲에서 숲으로 산에서 산으로 소치는 목동까지 피해 다녔다. 항상 숲속에 살면서 묘지에 있는 시체의 백골을 자리삼아 휴식을 취했다."

　욕구와 쾌락을 추구하는 육신을 억압하고 억제하는 고행을 통해 완전한 정신세계를 추구하였던 당시의 종교인들과 마찬가지로 태자 또한 갖가지 고행으로 몸과 정신이 극도로 쇠약해져 가고 있었다.

　죽음의 순간에 이를 정도의 극단적인 고행으로도 출가 전 가졌던 의문은 풀리지 않았고 어떠한 깨달음의 순간도 맞을 수 없었던 태자는 문득 생로병사의 고통을 벗어나고자 출가하여 이렇게 힘든 고행을 하면서 죽음을 맞이한다면 도대체 출가에 무슨 의미가 있는가? 그러한 생각이 들자 과감하게 고행을 중단한다.

　태자와 함께 수행해 오던 무리들은 태자를 배신자라 손가락질하면서 그의 곁을 떠났고, 태자는 홀로 나란쟈

통도사 팔상탱의 유성출가상

통도사 팔상탱의 설산수도상

나강으로 발걸음을 옮겨 마을의 양치기 소녀 수자타가 올리는 우유죽 공양을 받고 극단적인 고행을 그만두는 대신 순수한 명상의 세계로 들어갈 것을 결심한다. '어떠한 어려움이 있더라도 깨달음을 얻기 전에는 결코 자리에서 일어나지 않겠다'는 굳은 결심을 하고 부다가야의 보리수 아래에 풀방석을 깔고 앉은 지 7일만에 샛별을 보고 생로병사의 번뇌에 갇혔던 의문이 모두 사라지고 깨달음의 순간을 맞이하게 된다. 이때가 태자의 나이 35세였고 출가한 지 6년만의 일이었다.

(5) 설산수도상(雪山修道相; 설산에서 수도하는 태자): 출가한 태자는 궁을 떠나 머리카락과 수염을 자르고 설산으로 들어가 육신을 억압하고 억제하는 고행을 시작한다. 설산수도상의 하단에는 칼로 머리카락을 자르고 있는 태자의 모습을 마부 찬다카와 그의 흰 말 칸타카가 무릎을 꿇고 앉아서 보는 모습이 그려져 있고 상단에는 설산에서 극단적인 고행을 하는 모습들이 생생하게 묘사되어 있다.

머리카락을 자르고 있는 모습(범어사)

● 석가모니부처님이 깨달음에 이르기까지 수많은 마장魔障이 있었다. 악마가 두 번 세 번 군대를 이끌고 와서 습격을 하고, 마녀도 와서 유혹을 했으며, 바람을 일으키고, 비를 내리고, 뜨거운 숯덩이를 던져서 석가모니부처님을 위협했다. 그러나 그 모든 고비를 넘기고 결국 깨달음에 이르니 마왕은 땅에 엎드리고 대지는 여섯 가지로 진동했으며 광명이 발하여 온 세상을 비춰 태양도 그 빛을 잃을 정도였다.

보리수 아래에서의 깨달음은 평범한 세속에서 태어난 한 인간이 드디어 인간으로서 이룰 수 있는 최상의 단계인 "깨달은 자〔覺者〕, 붓다(부처/Buddha), 모든 의문에서 해방된 대자유인"이 된 것이다. 그리고 인간들에게 누구나 열심히 수행 · 정진하면 부처가 될 수 있다는 가능성을

석가모니부처님 머리 위로 빛이 발산하는 모습(범어사)

보여 준 아주 훌륭한 역할 모델이며, 그래서 지금도 수많은 사람들이 이 길을 따라 묵묵히 발걸음을 내딛고 있는 것이다.

(6) 수하항마상(樹下降魔相; 보리수 아래서 깨달음을 얻고 악마의 항복을 받음): 수행의 전 기간에 걸쳐 수많은 악마의 유혹과 위협이 있었지만 결국 그 모든 것들을 이겨내고 깨달음에 이르렀으니 악마는 항복하고 세상은 그 빛으로 눈이 부셨다. 수하항마상에는 바로 이런 내용들이 잘 묘사되어 있다. 오른쪽 상단에는 석가모니부처님의 머리 위로 빛이 발산하는 모습이 그려져 있고 중간과 하단에는 수많은 악마의 유혹이 있었던 장면을 묘사하였는데 바로 이 두 가지가 포인트이다.

언젠가 석가모니부처님의 일생을 다룬 영화 '리틀붓다'(키아누 리브스 주연, 베르나르도베르톨루 감독)를 인상 깊게 본 기억이 있다. 가장 기억에 남는 장면은 맑은 물속에서 자신의 모습을 건져 올리던 모습, 바로 깨달음의 순간이었다. 석가모니부처님이 순간순간 부딪히고 견뎌냈던 악마의 유혹은 바로 자신의 마음속에서 끊임없이 일어나는 온갖 생각-나는 누구인가, 어디서 와서 어디로 가는가, 고통스러운 삶은 과연 끝날 수 있을까-과 갈등이었으리라. 자신을 이겨내는 것, 이것이 바로 깨달음을 이루는 것!

석가모니부처님은 보리수 아래에서 크게 깨달으신 후 7일간 그 자리에 앉은 채 스스로 깨달은 진리를 즐겼다. 그리고 계속해서 7일간씩 7주 동안 여러 나무를 돌아가면서 앉아 깊은 고뇌에 빠졌는데, '고생 끝에 얻은 깨달음을 과연 다른 사람들에게 전할 수 있을까. 탐욕과 어리

통도사 팔상탱의 수하항마상

석음 속에서 고통 받고 있는 사람들이 이 진리를 깨닫는다는 것은 결코 쉬운 일이 아니며, 이 진리는 세상의 흐름을 거스르는 것으로 미묘하고도 심원하기 때문에 탐욕과 암흑으로 뒤덮여 있는 사람들에게는 드러나지 않을 것이로다.' 라며 자신이 깨달은 진리의 전도나 설법을 주저했다.

이러한 내적인 갈등이 일어나는 순간 대지의 악마 마라가 나타나 사람들에게 진리를 설하지 말고 그대로 열반에 들 것을 권했다. 그러나 브라흐마의 신 범천梵天은 생로병사의 근심과 고통 속에서 살아가는 사람들에게 훌륭한 가르침을 전하여 그들이 구원의 기회를 가질 수 있도록 법(진리)을 열어 줄 것을 간곡하게 부탁하였다. 이에 석가모니부처님은 생명을 가진 모든 중생을 사랑하는 오직 그 마음 하나로 마침내 간청을 받아들여 전도의 개시를 결심하였다.

전도를 결심한 석가모니부처님은 함께 고행했던 다섯 수행자들을 먼저 전도하기로 하고 바라나시로 향했다. 당시 바라나시는 종교의 중심지와도 같은 곳으로, 오랜 수도생활로 어떤 경지를 얻은 이들은 모두 이곳에 모여서 진리를 전했다. 그리고 고행을 중단한 석가모니부처님을 배신자라고 낙인찍고 그의 곁을 떠났던 다섯 수행자들도 바라나시에 와 있었던 것이다. 석가모니부처님은 바라나시 교외의 리쉬 파타나에 있는 사르나트(鹿野苑: 사슴동산)에서 다섯 수행자들과 재회하여 자신이 스스로 깨달은 진리를 설하였다. 그들은 처음에는 '타락한 사문 고타마' 라 하면서 아주 냉정하게 대했으나 석가모니부처님이 자신에 넘치는 태도로 깨달은 것을 거짓 없이 설하자 그것을 듣고 깨달음의 경지에 도달하였을 뿐만 아니라 최초의 제자가 되었다. 다섯 사람의 귀의에 의해 승가(불교 교단)의 기초를 확립한 석가모니부처님은 전도와 포교의 세월 45년을 보내게 된다.

석가모니부처님이 초전법륜(初轉法輪; 최초의 설법)에서 가장 먼저 말씀하신 것은 고통(苦)의 원인과 그 해결 방법에 대한 것이었다. 사제(四諦; 苦集滅道)와 팔정도八正道로 불리는 이 가르침은 결국 깨달음의 궁극적인 내용으로, 이 세상에는 나(我)란 것이 없는데 이 나란 것에 집착하여 고통이 생긴다는 것이다. 그러므로 고통의 원인은 집착이 되는 것이다. 원인을 알았다면 해결방법은 굉장히 쉬운 것이다. 그릇된 집착이 고통의 원인이니 그릇된 집착을 단칼에 잘라서 없애(滅)버리면 열반(涅槃; 니르바나)의 경지에 올라 적정(寂靜; 모든 욕망이 사라져 평온한 상태)상태가 된다는 것이다.

석가모니부처님의 초전법륜의 모습(범어사)

그러면 열반에 이르는 방법(道)은 무엇인가? 석가모니부처님께서는 팔정도(八正道; 여덟 가지 바른 길)를 제시하셨다. ①정견(正見; 올바른 견해(인생관)를 가지는 것), ②정사유(正思惟; 올바로 생각하고 판단하는 것), ③정어(正語; 바로 말하는 것), ④정업(正業; 올바른 업을 짓는 것), ⑤정명(正命; 올바른 생활수단을 갖는 것), ⑥정념(正念; 올바른 생각을 가지는 것), ⑦정정진(正精進; 올바른 노력을 하는 것), ⑧정정(正定; 올바른 마음가짐을 가지는 것)으로, 이 여덟 가지의 올바른 삶의 길이 열반에 이르는 방법이라고 가르치셨다. 석가모니부처님의 가르침은 어찌 보면 참으로 간단하고 쉽다. 하지만 실천하려 들면 이것만큼 어려운 것이 또 있을까 싶다. 석가모니부처님께서 우리에게 말씀하시고 싶었던 것도 실천의 어려움이 아니었을까! 올바른 실천만이 열반에 이르는 지름길인 것이다.

(7) 녹원전법상(鹿苑轉法相; 녹야원에서 최초의 법을 굴리다): 깨달음을 얻은 석가모니부처님은 자신이 스스로 깨달은 진리를 다른 사람에게 알리기를 주저하다가 브라흐만의 신 범천의 간청으로 모든 생명을 가진 것들에 대한

사랑의 마음 하나로 전법轉法을 결심하신다. 한때 석가모니부처님과 함께 고행을 했던 다섯 수행자들을 전도의 대상으로 삼고 깨달음의 성지 부다가야에서 그들이 머물고 있던 바라나시를 향해 맨발의 길을 떠나셨다. 녹원전법상은 석가모니부처님이 바라나시 교외 리쉬 파타나의 사르나트(鹿野苑: 사슴동산)에서 다섯 수행자를 대상으로 최초로 법(진리)의 바퀴를 굴리신 초전법륜初轉法輪의 모습을 묘사한 것이다. 그러므로 녹원전법상의 포인트는 상단 가운데 석가모니부처님이 앉아 계시고 사방 주위에 그의 설법을 듣고 있는 수많은 대중이 있는 모습이다. 사제四諦와 팔정도八正道를 설하시는 깨달은 최고의 성자 부처님이 바로 녹원전법상의 포인트다.

● 석가모니부처님은 깨달음을 얻은 후 45년여란 세월을 갠지스강 유역을 중심으로 북인도 전역을 맨발로 걸어서 중생을 구제하셨다. 중생을 사랑하는 마음으로 시작하신 구도의 여정으로 나이 80세에 이르렀으니 몸은 쇠약하고 게다가 병까지 얻어 더 이상 힘든 구도의 여정은 어렵게 되었다.

"나는 노쇠하고 나이도 팔십에 이르렀다. 아난다여, 낡은 수레가 가죽 끈의 도움으로 겨우 움직여 가듯이 나의 몸도 가죽 끈의 도움으로 간신히 움직이고 있다."는 석가모니부처님의 말씀처럼 간신히 움직이는 병들고 지친 몸은 쉴 곳을 찾아 마지막 여정을 떠났는데 그곳이 쿠쉬나가라였다. 쿠쉬나가라에 다다른 석가모니부처님은 그의 제자 아난다에게 사라쌍수 아래 자리를 깔게 하고 오른쪽 옆구리를 아래로 두고 마치 늙은 사자처럼 누워 선정에 들어간 채로 큰 슬픔에 잠긴 여러 제자들과 비구들에게 "모든 것에 항상함이 없으니 자신에게 귀의〔自燈明〕하고 법에 귀의〔法燈明〕하여 부지런히 정진하라."는 최후의 말씀을 남기시고 열반에 드셨다.

대지가 진동하고 하늘에서는 큰 북소리가 났으며, 비

통도사 팔상탱의 녹원전법상

구들 중 수행을 쌓은 이들은 "생명이 있는 것은 모두 멸한다. 석가모니부처님도 예외는 아니다."라고 하면서 슬픔을 억제했지만 아직 수행이 얕은 사람들은 팔을 벌리고 울며 부서진 바윗돌처럼 땅바닥을 뒹굴었다. 석가모니부처님이 누워계셨던 사라쌍수의 꽃들이 갑자기 만개하여 부처님을 향해 떨어지고 하늘의 꽃들도 석가모니부처님을 향해 떨어졌다. 향과 꽃다발을 바치면서 6일 동안 공양하고, 새 헝겊과 마포로 번갈아 오백 겹으로 둘러싸여 쇠 기름관에 넣어진 석가모니부처님의 유해는 7일 만에 향목을 태워서 화장을 하였다. 전도여행을 떠났던 그의 제자 마하가섭이 뒤늦게 도착하여 슬퍼하자 석가모니부처님은 사랑하는 제자의 슬픔을 위로하기 위해 관 밖으로 발을 내미는 기적을 보이셨다.

석가모니부처님의 사리는 팔만사천 가마가 나왔는데 인도에서의 팔만사천이라는 숫자는 어마어마하게 많다는 것을 의미한다. 사리는 여덟 등분으로 나누어져 여덟 개의 스투파(탑)에 모셔 안치되었다.

열반상(범어사)

(8) 쌍림열반상(雙林涅槃相; 사라쌍수 아래의 열반): 석가모니부처님의 열반 당시의 모습을 생생하게 묘사해 놓은 것이 쌍림열반상이다. 하단에 사라쌍수 아래 늙은 사자처럼 노쇠하고 아픈 몸으로 누우신 석가모니부처님의 모습이 그려져 있고, 그 주위엔 슬픔에 잠긴 제자들의 모습이 생생하게 묘사되어 있으며, 왼쪽 상단에는 석가모니부처님의 다비의 모습이 그려져 있는데 활활 타오르는 관 주위로 사리가 쏟아져 내리고 그것을 수습하는 사람들의 모습이 묘사되어 있다.

통도사 팔상탱의 쌍림열반상

석가모니부처님의 설법하는 모습을 볼 수 있는
영산전

팔공산 동화사 영산전

아미타불의 후불탱화로 영산회상도가 걸려 있는 비슬산 용천사

석가모니부처님께서는 왕사성의 영산靈山에서 많은 설법을 하셨다. 영산전靈山殿에는 영산에서 설법하는 모습을 그려놓은 영산회상도(靈山會上圖; 法會圖)가 주존불인 석가모니불의 후불탱화로 걸려있는데, 중앙에 설법하시는 석가모니부처님이 계시고 주변에 보살과 10대 제자, 수호신인 사천왕과 금강역사가 그려져 있다.

영산회상도

대세지보살   아미타불   관세음보살

|아난|석가모니불|가섭|

만수산 무량사의 석가모니불과 협시한 아난과 가섭

봉은사 영산전 현판

절집에 따라서는 영산전이 없는 곳도 있고 영산전에 팔상도가 걸려 있거나 석가모니부처님을 중심으로 좌우에 보살(菩薩; 문수·보현)이나 제자(아난·가섭)가 협시하고 16나한·오백나한의 나한상이 좌우로 배치되거나 천불을 모셔 천불전을 대신하는 등 다양한 모습을 하고 있다.

그러나 엉뚱하게 영산회상도를 후불탱화로 걸어 놓고서도 석가모니부처님이 계시지 않고 아미타부처님이 자리하고 계시는 경우도 있다. 절집을 다니면서 이럴 때가 제일 황당하다.

영산은 영취산靈鷲山이라고도 하는데, 산의 모습이 마치 독수리가 날개를 접고 쉬고 있는 듯한 모습이라 하여 붙여진 이름이다.

나한은 부처님의 여러 제자 중 수행을 완성하여 모든 번뇌를 끊고 다시 생사生死의 세계에 윤회하지 않는 아라한과阿羅漢果를 얻은 성인聖人을 말한다.

영산회상도를 보고 가만히 앉아 있다 보면 마치 내가 당시 영산에 앉아 석가모니부처님의 설법을 듣고 있으며 부처님의 따스한 눈길과 손길이 나에게 닿는 듯하여 그 느낌이 이루 말할 수 없이 감격스럽다. 필자는 영산회상

수도산 봉은사 영산전과 만수산 무량사 영산전

관리가 제대로 안 되어 찢어지고 파손된 모습

도를 여러 불화 중 가장 좋아해서 절집을 갈 때면 한참을 보고 오곤 한다.

  그런데 대구에서 유명한 절집의 영산전을 보고 온 날은 종일 맘이 편치 않아 혼났다. 군데군데 찢어진 창호문과 떨어져 나간 벽채, 뚫어진 채 덕지덕지 때가 묻은 천장… 아이고! 부처님 어리석기 짝이 없는 중생들의 놀음에 얼마나 맘이 아프신가요! 죄송해요… 그래도 깨치길 원해서 그 모든 걸 다 알려주시고 가셨는데 우리는 아직 하나도 모르나봅니다. 제발 정신 차릴 수 있도록 이끌어주세요!…

부처, 불타, 불

절집에는 많은 부처님과 보살님이 계신다. 때문에 사람들은 간혹 도대체 부처란 무엇이며 누구를 가리키는 것인가 혼란스러워 한다. 부처, 불타佛陀, 불佛 등의 다양한 용어들은 다 '진리를 깨달은 사람' 붓다Budda를 음역해서 사용하는 것에서 비롯된다.

석가모니부처님께서 깨달음을 얻고 하신 말씀이 '나는 진리를 발견했다' 였다. 진리는 누구나 발견할 수 있다는 가능성을 보여 주신 것이다. 그러므로 '진리를 깨달은 사람' 은 석가모니부처님 이전에도 있을 수 있고 이후에도 있을 수 있는 것이며, 사방팔방에 존재할 수 있는 것이 된다. 불교의 이러한 생각이 '과거칠불過去七佛' 사상과 3세(과거·현재·미래)의 시방(十方; 四方+四維+上下)에 무수히 많은 부처가 있다는 것으로 연결된다. 그래서 절집에는 석가모니부처님 외에도 미륵부처님, 약사부처님, 아미타부처님 등 많은 부처님이 함께 공존하고 계시는 것이다. 이것은 또한 우리도 열심히 수행하여 진리를 발견하고 깨달으면 부처가 된다는 믿음을 갖게 하는 중요한 사실이다.

'진리를 깨달은 사람', 즉 부처를 나타내는 이름은 대략 열 가지로 정리되어 사용된다. 알아두면 불교를 이해하는 데 도움이 될 것이다.

부처님의 십호十號

① 여래如來: 이 세상에 오셔서 참된 진리를 사실과 똑같이 보여주신 분

② 응공應供: 하늘과 모든 사람들에게 마땅히 공경을 받을 만큼 큰 덕을 갖춘 분

③ 정변지正遍知: 진리를 깨달아 모르는 것 없이 두루 아는 지혜를 갖춘 분

④ 명행족明行足: 모든 진리를 두루 갖추고 중생을 구제하시는 분

⑤ 선서善逝: 깨달음에 이르러 다시는 삶과 죽음의 고통 속에 빠지지 않는 분

⑥ 세간해世間解: 세상의 모든 고통을 알아 고통 받는 사람들을 구제하시는 분

⑦ 무상사無上士: 위가 없이 거룩하신 분

⑧ 조어장부調御丈夫: 모든 사람들이 몸과 마음의 조화를 잘 이루어 올바르게 살아 갈 수 있게 제도해 주시는 분

⑨ 천인사天人師: 하늘과 인간의 위대한 스승으로서 이들을 모두 해탈케 하는 원력을 지니신 분

⑩ 불세존佛世尊: 갖가지 착한 일을 많이 하여 수많은 사람들을 이롭게 한 분이므로 세상 사람들이 우러러 받드는 분

약사전

약국이 아니라 절집 약사전에 계시는 약사藥師부처님…?

약사전藥師殿은 인간의 신체적·정신적 질병을 다스리는 특기를 가지신 약사부처님이 계신 곳이다. 약사여래藥師如來라고 불리기도 하는데, 『불설약사여래본원경(약사경)』에 의하면, 약사여래는 동방의 정유리국淨琉璃國의 교주로서 이 세계 중생의 질병을 치료하고, 수명을 연장하며, 재화災禍를 소멸하고, 의복이나 음식 등을 만족하게 하며, 부처의 행行을 닦아 위없는 깨달음을 얻게 하겠다는 12개의 대원大願을 세우셨다고 한다. 특히, 중생의 질병치료에 큰 서원誓願을 세운 때문인지 약사여래가 유명한 절집에서는 아픈

영축산 통도사 약사전 현판

약사여래는 만월세계滿月世界의 약사유리광여래藥師琉璃光如來라 불리기도 하므로 약사전藥師殿을 만월전滿月殿이라 이름하는 절집도 있다.

서원은 맹서盟誓이다. 스스로의 깨달음을 얻기 위한 결심을 나타내 보임과 동시에 특히 대승불교에서는 구제되지 못한 세상의 유정물有情物을 구제해 준다는 이타利他의 다짐까지를 포함하는 것이다.

동리산 태안사의 약사회상도 앞에 약합을 든 약사여래

함월산 기림사의 약사전

8대보살은 관음·문수·보현·지장·미륵·금강수·허공장·제개장이다.

함월산 기림사 약사전의 약사여래와 협시한 일광·월광보살

환자들이 열심히 기도하는 모습을 볼 수 있다. 기도의 인연공덕으로 나쁜 병들이 싹 가시기를 원한다!

약사전에는 중앙에 약사여래상이 홀로 모셔져 있기도 하고, 좌우에 일광보살日光菩薩과 월광보살月光菩薩을 협시(脇侍; 곁에서 모시고 있음)하고 있기도 한다. 약사여래상은 손에 약합藥盒을 들고 있어 구별하기가 쉽다.

후불탱으로는 약사회상도藥師會上圖가 걸려 있는데, 약합을 들고 계신 약사여래가 가운데 묘사되어 있고 그 아래 좌우로 일광보살과 월광보살, 그리고 주위로 **8대보살**과 그 바깥쪽으로 약사회상을 호위하는 신장들이 묘사되어 있다.

우리가 병을 빨리 치료하기 위해서 종합병원의 전문과목 선생님을 찾아가듯이, 몸과 마음이 아픈 중생이 부처님을 찾고 싶다면 절집 약사전에 계신 약사여래 앞에 엎드리는 것이 지름길이라면 지름길이랄까?

월광보살   약사여래   일광보살

극락세계를 주관하시는 아미타부처님이 계시는 극락전

상주 남장사 극락보전 현판

아미타불阿彌陀佛은 대승불교에서 중요한 위치를 점하는 부처이면서 대승불교를 믿는 북방불교 국가에서 가장 인기 있는 부처이기도 하다. 아미타라는 말은 무량無量을 뜻하는 산스크리트어 아미타amita를 한자로 음역한 것으로, 아미타불은 한량없는 수명을 가졌다 하여 무량수불無量壽佛이라 불리기도 하고 한량없는 지혜의 빛을 가졌다 하여 무량광불無量光佛이라 불리기도 한다. 그래서 아미타불이 계신 전각의 이름이 무량수전 · 무량광전 · 미타전 등의 여러 가지이다.

『무량수경無量壽經』에 의하면, 석가모니부처님께서 기원정사에서 사리불에게 아미타불과 그 국토인 극락세계의 공덕장엄을 말씀하시고 아무리 악한 행동을 하여 지옥에 떨어질 중생이라도 아미타불의 명호를 부르기만 해도 극락세계로 이끌어 주신다 하셨다. 이렇듯 조건 없는 사랑을 보여주시는 아미타불이 계신 극락세계는 서방에 십만억 불국토를 지나간 곳에 있고, 땅과 나무 등이 모두 황금이나 칠보로 되어 있으며, 모든 것은 마음먹은 그대로 이루어지는 곳으로, 일체의 번뇌와 유혹이 끊긴 괴로움은 없고 즐거움만이 가득한 세계라고 하셨다.

아미타불을 신앙하는 아미타신앙이 대승불교에서 중요하게 된 이유는 아미타부처님의 48대원 중 18번 째 서원에 해당하는, '깊은 신앙심을 갖고 자신의 이름을 부르는 이는 선행을 쌓은 선인이든 악행을 저지른 악인이

아미타부처님을 모신 전殿이 절집의 중심 전각일 때는 무량수전無量壽殿으로, 부속 전각일 때는 극락전極樂殿, 극락보전極樂寶殿, 미타전彌陀殿 등으로 부른다.

『무량수경』(2권)은 『관무량수경觀無量壽經』(1권) · 『아미타경阿彌陀經』(1권)과 함께 정토신앙淨土信仰의 근본경전으로, 이들을 정토삼부경淨土三部經이라 한다. 『아미타경』을 소경小經, 『무량수경』을 대경大經이라 부르기도 한다.

안동 봉정사 극락전과
경주 불국사 극락전 현판

아미타래영도阿彌陀來迎圖:
아미타부처님을 중심으로 관세음보살과 지장보살이 직접 극락으로 왕생자를 맞이하는 모습을 담은 불화이다. 대표적으로 국보 제218호로 지정된 작품이 삼성미술관에 소장되어 있다.

든 가리지 않고 누구든지 극락의 정토에 태어나서 괴로움과 궁핍으로부터 자유로운 삶을 살다가 궁극적인 깨달음에 이르게 할 것'이라는 내용 때문이다. 어려운 경전을 공부하거나 혹독한 자기 수행이 없어도, 그저 아미타부처님의 이름만 신심信心을 가지고 불러도 사후의 영원하고 안락한 삶이 보장된다는 것이니 '깨달음'이 아득한 중생에게는 더 없이 좋은 신앙인 것이다.

대승불교를 믿는 북방불교에 속하는 우리나라 역시 아미타신앙이 널리 유행되었다. 고려시대에는 아미타삼존도, 아미타래영도와 같은 불화들이 권문세족을 중심으로 많이 제작되었다. 또한 경북 영주 부석사의 무량수전無量壽殿과 안동 봉정사의 극락전極樂殿 등 아름다운 건축물이 지금까지 남아 있어 우리의 눈을 즐겁게 한다.

절집에 가면 나이 드신 보살님들이 '죽어 좋은 세상 태어나게 해 주십사' 극락전에 앉아 열심히 '나무아미타불(아미타부처님께 귀의합니다)'하며 염불하시는 모습을

볼 수 있다. 우리도 고단한 삶을 접을 때쯤 영원하고 안락한 삶을 보장하는 극락세계로 가 쉬고 싶다면 열심히 '나무아미타불'이다. 그러나 아미타부처님이 좌우에 대세지보살과 관세음보살을 거느리고 직접 마중 나온다는 극락세계에도 왕생자往生者의 생전 행업行業에 따라 상품상생上品上生에서 하품하생下品下生까지 9등급(9품)으로 나뉜다는 것을 안다면 마냥 '나무아미타불'만 부르고 있을 수는 없을 것이다. 열심히 살면서 틈틈이 염불하고… 알아서 준비해야 될 듯! 이 세상이나 저 세상이나 어디 쉬운 것이 있겠는가, 어리석은 중생에게…

영주 부석사 무량수전과 현판

지리산 천은사의 아미타삼존

아미타삼존도阿彌陀三尊圖: 아미타부처님을 중심으로 좌우에 대세지보살과 관세음보살이 협시하고 있는 모습을 담은 불화이다.

정토신앙淨土信仰

불교는 자기 힘으로 수행하여 깨달음을 이룸으로써 해탈을 성취하려는 철저한 자력구원自力救援의 성격을 가진 종교이다. 석가모니부처님은 그 과정을 직접 실천하여 보여주신 분이시기도 하다.

그러나 석가모니부처님 입멸 후 많은 세월이 흐른 후 불교의 성격이 다양한 모습으로 변화되고 불교의 교단 역시 여러 갈래로 분파되기에 이른다. 특히, 불교가 대중적인 종교로 발전하였고 석가모니부처님의 가르침이 이상적으로 이루어지기 어려운 시대가 되자 인간들은 스스로, 인간이 사는 세상은 말세이고, 번뇌와 탐욕 속에 사는 인간이 아무리 수행을 거듭한다고 해도 이 세상에서는 결코 깨달음을 얻을 수 없다는 생각에 빠져 절대적 존재자-중생을 조건 없이 구제하겠다는 불·보살-의 힘에 의지하여 구원받으려는 타력구원他力救援적 성격의 불교로 전환되어 갔다.

정토신앙은 자력구원적인 불교보다 그 수행방법적인 면에서도 비교적 쉬웠으므로 불교의 대중화에 큰 역할을 할 수 있었다. 정토신앙의 대표적인 수행방법은 염불수행이다. 불·보살을 마음 깊이 새기면서 그 이름을 열심히 외워 부르기만 하면 설사 선한 행동을 통해 공덕을 쌓지 않아도, 심지어 악한 행동을 하여 지옥에 떨어질 중생이라도 구원받을 수 있다니 얼마나 매력적인 신앙이란 말인가. 당연히 가장 대중적이고 널리 확산될 수밖에 없었던 것이다.

현생이 행복하든 불행하든, 피할 수 없는 죽음이 두려운 것은 마찬가지다. 온갖 번뇌와 어리석음 그리고 탐욕 속에서 힘들게 살았던 인간들의 가장 큰 바람은 바로 죽음 이후의 영원하고 안락한 삶일 것이다. 그러므로 죽음 이후의 우리들의 삶을 보장해 주는 아미타불을 믿고 따르려는 마음이 간절할 것이고, 어찌 보면 아미타신앙이 가장 널리 확산되었던 것도 당연한 일일 것이다. 그러므로 아미타신앙이 정토신앙의 대표적인 위치를 점하였고, 정토신앙을 아미타불을 믿고 따름으로써 서방 극락정토에 태어나길 염원하는 신앙이라고 정의하게 된 것이다. 정토신앙=아미타신앙!

'나무아미타불 관세음보살'만 외치면 살아 복을 누리고 죽어 극락세계에 간다고 춤을 추면서 노래처럼 염불하며 중생을 구제하셨던 신라의 원효 스님, 정토신앙의 대표선수였다고나 할까!

● 정토란 일체의 부정이 사라진 청정한 불국토佛國土로, 괴로움은 없고 즐거움만 있는 곳을 말한다. 불교 경전 속에는 미륵보살의 도솔천정토와 약사여래의 유리광정토 등도 보이지만, 그중 가장 뛰어난 곳이 아미타불의 서방극락정토라고 한다.

대승불교와 소승불교

석가모니부처님 입멸 후 불교의 교단은 그 성격의 변화에 따라 여러 갈래로 분파되었다. 이 과정에서 탄생된 새로운 불교운동이 대승불교운동이며, 대승불교 차원에서 대립적 성격으로 규정된 것이 소승불교이다. 복잡한 내용이라 파고들자면 끝이 없으니 그저 여기서는 절집 구경에 도움이 될 정도의 간략한 내용만을 정리하고자 한다. 석가모니부처님의 깨달음 이후 시작된 45년간의 대중교화를 통해 수많은 출가자와 재가신도들이 생겨났다. 그 가운데서도 가장 뛰어난 이 10인을 석가모니부처님의 십대제자라고 부른다. 이들은 불교 교단의 형성과 발전에 결정적인 역할을 담당하기도 하였으므로 알아두도록 하자.

석가모니부처님의 십대제자十大弟子

1) **사리불**(舍利弗; 샤리푸트라): 지혜제일智慧第一이라 불릴 정도로 갖가지 지식에 능통하고 통찰력도 뛰어났으며 교단의 통솔에도 뛰어난 능력을 발휘하였다. 석가모니부처님보다 나이가 많았으므로 먼저 세상을 떠나 석가모니부처님의 마음을 많이 아프게 했다.

2) **목건련**(目犍連; 목갈라나. 마우드갈랴야나): 신통제일神通第一. 신통력으로 지옥계에서 고통 받고 있는 어머니를 보고 석가모니부처님에게 그 방법을 물어 어머니를 구제하였다. 지금도 절집에서 음력 7월 15일이면 우란분절이라 하여 영가를 천도하는 행사가 매년 열리고 있는데, 그 기원이 바로 목련구모木連求母의 전설이다. 목건련도 석가모니부처님보다 먼저 세상을 떠났다.

3) **대가섭**(大迦葉; 마하카샤파): 행법제일行法第一 · 두타제일(頭陀第一; 청정한 수행의 일인자). 마하가섭과 석가모니부처님과는 마음이 통하는 에피소드 세 가지가 전해져 온다. 첫 번째는, 언젠가 가섭이 아주 허름한 옷을 입고 법회에 참석하였을 때 사람들은 모두 그를 피해 자리를 잡으려 이리저리 움직이고 있었는데 석가모니부처님께서는 그를 불러 자신의 자리를 나누어 앉혔다고 하는 다좌탑多座塔에서의 분좌分座이고, 두 번째는, 영산회상에서 부처님이 연꽃을 높이 쳐들었을 때 아무도 그 의미를 알지 못했으나 마하가섭만은 그 의미를 깨닫고 빙그레 웃었다고 하는 '이심전심以心傳心 염화시중拈華示衆의 미소'로 우리에게도 익숙한 에피소드이다. 세 번째는, 전도여행으로 스승의 열반을 지키지 못하고 뒤늦게 도착하여 슬퍼하는 제자에게 스승은 오른쪽 발을 관 밖으로 내밀어 제자의 슬픔을 위로했다는 '사라쌍수나무에서의 기적' 이라는 에피소드이다. 마하가섭은 석가모니부처님의 입멸 후 불교 교단을 수습하는 데 실질적인 책임을 졌던 인물이기도 하다.

4) **수보리**(須菩提; 수부티): 해공제일解空第一. 석가모니부처님을 위해 기원정사祇園精舍를 기증한 수닷타 장자의 조카로 '은둔 생활을 하는 사람들의 제1인자'라 불렸는데, 후에 대승불교의 중심 사상인 '공'의 사상을 가장 잘 이해하였다 하여 '해공제일로 불리기도 하였다. '공'을 설하는 대부분의 대승불교 경전에는 수보리가 등장하는데 대표적인 것이 『금강경』이다.

5) **부루나**(富樓那; 푸르나): 설법제일說法第一.

6) **대가전연**(大迦栴延; 마하카탸야나, 카탸야나): 논의제일論議第一.

7) **아나율**(阿那律; 아누룻다): 천안제일天眼第一. 샤카족 출신의 제자였던 아나율은 석가모니부처님을 도와 교단의 통솔에 전력했던 인물이다. 아나율이 천안제일이 된 데에는 작은 에피소드가 있다. 아나율이 언젠가 법회시간에 잠깐 졸아서 석가모니부처님이 그의 게으름을 꾸짖었는데, 너무나 부끄러워 밤낮을 가리지 않고 열심히 수행정진한 나머지 잠을 자지 못하여 눈병에 걸리기도 하였다. 이에 석가모니부처님께서 거듭 수행의 강도를 낮추라고 만류하였으나 듣지 않고 결국 장님이 되고 말았다. 육체적으로는 눈이 멀어 장님이 되었으나 마음의 눈은 열려서 하늘나라에서 벌어지는 일까지 보게 되어 천안제일이 되었다.

8) **우파리**(優婆離; 우팔리): 지계제일持戒第一. 우팔리의 출가 전 직업이 이발사였으므로 출가하여서도 '수계受戒'의 삭발을 담당하였다. 그래서 누구보다도 불교 교단의 규율 및 규칙에 정통했고 또 계를 지키는 일에 매우 엄격했다. 그래서 1차 결집 때는 '계율'의 암송을 담당하여 율장律藏 편집의 책임을 맡기도 하였다. 또한 샤카족의 이발사 출신으로 가장 천한 수드라 신분이었지만 신분의 고하에 관계없이 부처님의 상수 제자가 되었으므로 불교의 평등주의적 성격을 이야기할 때 자주 거론되는 인물이기도 하다.

9) **라후라**(羅睺羅; 라후라): 밀행제일密行第一. 석가모니부처님께서 고향인 카필라로 전도여행을 왔을 때 어린 소년 라후라는 아버지를 찾아와 자신도 다른 아이들처럼 유산을 받게 해 달라고 했는데, 그때 석가모니부처님은 사리불(샤리푸트라)을 시켜 아들을 출가시키고 제자로 삼았다. 출가가 그의 뜻이 아니어서인지 라후라는 전도여행 중에 외도들에게 곤욕을 치러 어려움을 겪을 때마다 참지 못하고 곧 다른 곳으로 떠날 채비를 하였다. 그런 모습을 자주 본 석가모니부처님은 어떠한 어려움이 있더라도 참고 견뎌야 한다는 것을 열심히 가르치셨고, 그 가르침을 잘 이해한 라후라는 더 이상 전도여행을 중간에서 포기하지 않고 목숨을 위협하는 외도들의 도전 앞에 무서워하거나 피하지 않는 인욕행을 잘 실천하게 되었다. 그래서 그에게 밀행제일이라는 별명이 붙게 되었다. 밀행密行이라 하여 은밀한 행동을 잘 하였다

토함산 석굴암 십대제자 부조상의 일부

고 이해하면 아주 곤란!

10) 아난(阿難; 아난다): 다문제일多聞第一·근시제일近侍第一. 출가 전 석가모니부처님의 이종사촌동생이었던 아난은 석가모니부처님을 그림자처럼 곁에서 모셨던 제자이다. 특히 여성 출가를 인정하지 않았던 석가모니부처님에게서 여성 출가의 허락을 받은 인물로도 유명한데, 출가나 재가를 막론하고 여성의 교화에 많은 힘을 쏟았던 인물이다. 사족 하나! 아난이 굉장한 꽃미남, 얼짱이었다는 사실! 석가모니부처님 곁에서 가장 많은 설법을 들었기 때문에 1차 결집 당시 '경'을 편집하는 일을 주관하기도 하였다. 아난다는 그의 사후에 자신의 유해를 둘러싸고 분쟁이 일어날 것을 염려하여 갠지스강 한 가운데서 스스로 불을 댕겨 몸을 불태우고 유골을 이등분하여 나누어 주도록 했다.

불교 교단의 변천

석가모니부처님의 입멸 후 불교교단은 그 성격에 많은 변화를 겪게 되는데, 보통 세 시기 정도로 구분한다.

● 근본根本불교시대: 석가모니부처님 당시~제1차 결집

● 부파部派불교시대: 제1차 결집 이후 200년이 지난 시점~대승불교 운동이 일어나기까지 400~500년 사이

● 대승大乘불교시대: 서력기원을 전후하여 일어난 대승불교운동~현재. 근본불교시대의 회귀와 재발견을 주창.

석가모니부처님의 장례절차를 다 마치고 난 후 불교 교단 내에서는 상수 제자들을 중심으로 석가모니부처님의 가르침을 정리하려는 움직임이 일었다. 스승의 가르침을 직접 받아 기억하고 있는 자신들마저 세상을 떠나면 그 가르침이 사라질 수도 있다는 생각에 스승에게 직접 가르침을 받았던 인물 500여 명이 모여 그 내용을 정리·종합·확인하려 하였다. 제자 마하가섭이 중심이 된 이 모임을 제1차 결집이라고 한다.

제1차 결집에서는 석가모니부처님의 말씀이나 행적을 정리한 경經, 출가자나 재가자들이 지켜야 할 행위규범을 엮은 율律의 편찬이 이루어졌는데, 석가모니부처님의 말씀을 기억한 누군가가 선창을 하면 500명이 함께 외워 그 누구도 이의를 제기하지 않으면 비로소 글로 옮겨 나뭇잎에 기록하였다.

대장경의 산스크리트어는 트리피타카 Tripitaka로 Tri=셋 pitaka=광주리, 세 개의 광주리라 하여 삼장三藏이라 음역되었다. 삼장이란 경(經; 부처님의 말씀이나 행적을 엮은 대장경)·율(律; 출가나

재가의 불교인들이 지켜야 할 행위규범)·논(論; 경과 율에 대한 후세 스님들의 해설서)이다.

이렇듯 철저하게 진행된 제1차 결집 때에도 율律의 문제에 있어서는 다소 이견이 있었다. 과거에 비해 커진 불교의 교단과 늘어난 수행자의 수만큼 의견의 차이도 컸던 모양이다. 그래서 "석가모니부처님이 정하지 않은 율의 항목은 새로 정하지 말고, 석가모니부처님에 의하여 정해진 율의 항목은 버리지 말고 지키도록 한다."는 원칙을 정했던 것이다.

불교의 율은 석가모니부처님 당시 처음부터 어떠한 규제의 범위가 정해진 것이 아니라 문제가 드러날 때마다 그것을 규제하여 금지조항을 만들었기 때문에, 시대나 사회·경제적인 변화에 따라 얼마든지 율의 해석이 달라질 수 있고 달라진 해석에 따라 분열될 수 있다는 생각에 이러한 원칙이 정해졌는지도 모른다.

이러한 원칙에도 불구하고 제1차 결집 직후부터 분열의 조짐은 있었다. 예컨대 결집에 참석하지 못한 푸라나 장로와 그의 무리들은 "나는 나대로 들은 석가모니부처님의 율을 지키겠다"고 하면서 새로운 율의 해석과 적용을 주장하기도 하였다. 그렇지만 1차 결집 이후 200년이라는 세월이 흐르는 동안은 석가모니부처님께서 직접 정하신 율을 고수하는 것이 불교 교단의 기본이었다.

그러나 시대나 사회의 변화, 특히 경제적인 변화에 있어서 율의 해석에 큰 문제가 발생하게 되었는데, 즉 인도에 화폐가 등장하면서 출가수행자들의 무소유의 율을 해석함에 있어 분열이 가속화되었다. 보수적 성향의 상좌부와 진보적 성향의 대중부의 분열을 시작으로 시간이 흐르면서 부파는 더욱 세분화되어 20여 개의 부파가 난립하기도 하였다. 제1차 결집 이후 200년이 지난 시점부터 대승불교운동이 일어나기까지의 400~500년간 지속되었던 이 시대를 부파불교시대 또는 아비달마Abhidharma시대라고 한다.

부파불교의 시대에는 각 부파 간에 독자적인 경·율, 또 기존의 경·율에 대한 새로운 해석을 정립하여 정리한 논의 체계를 갖추고 활발한 논쟁을 일삼았다. 그러나 법(진리)이라는 것은 종교적 체험 속에서 자각되고 행동으로 실천되는 것이지 법(진리)을 외부적 관점에서 대상화하고 논리적으로 고찰한다는 것은 석가모니부처님의 가르침과 어긋나는 것이었다. 그렇기 때문에 학문적인 연구의 진전으로 불교 교리의 체계화는 이루었을지 모르지만 법(진리)의 체험적 성취나 대중을 교화하는 데에는 많은 한계

● 종이가 없던 당시라 활엽수의 마른 잎에다 기록하였으므로 패엽경貝葉經이라 불렀고, 책처럼 쌓아둘 수가 없어 광주리에 보관하였다고 한다.
● 계율戒律이라 할 때 계戒는 주체적이고 자율적인 것인 반면, 율(律; 비나야)은 타율적인 성격이라 할 수 있다.

점을 가지고 있었다.

부파불교의 지나치게 형식적인 윤리, 출가사문 중심의 교단운영, 이타적인 대중교화의 결여 등의 한계점은 불교계의 변혁을 필연적으로 불러일으키게 되었고, 이렇게 하여 일어난 것이 대승불교운동이었다. 그러므로 대승불교운동은 철저하게 타율적인 율에 비해 비교적 능동적이고 자각적인 계를 중요시하고, 출가자와 재가자의 유기적인 관계의 회복과 이타적 대중교화에 초점을 맞추어 지나치게 정형화된 틀을 깨어 어디서든지 쉽게 토착화될 수 있었으므로 인도뿐만 아니라 중앙아시아를 비롯한 중국, 한국, 일본의 북방불교계통으로 급속하게 확산되었다.

우리나라의 불교 역시 대승(大乘; 큰 수레, 큰 법을 굴린다)불교이다. 대승불교를 한마디로 표현하면 '상구보리 하화중생上求菩提 下化衆生' 이다. 즉, 위로는 깨달음(菩提)을 구하고 아래로는 자신의 깨달음을 중생의 교화에 받친다는 것으로, 특히 하화중생이 바로 소승(小乘; 작은 수레)불교와의 가장 큰 차이점이다. 소승불교라는 용어는 '상구보리' 만을 추구하는 상좌부 계통의 남방불교를 대승에 비해 소승적이라 하여 대승불교 계통에서 만든 것이다.

대승불교운동의 발생

이에 대해서 정확히 전해져 오는 내용은 없다. 다만 어느 한 집단이나 한 사람의 종교인에 의해 일어난 변혁이라기보다는 부파불교가 드러내는 여러 가지 한계점을 극복하기 위해 재가 신자들을 중심으로 여러 집단의 운동이 합쳐져서 자연발생적으로 이루어졌다고 보는 것이 타당할 것이다. 특히, 재가 신자들이 운동의 중심에 놓여 있다는 것이 대승불교운동의 특징이기도 하다. 따라서 대승불교의 이해를 위해서는 재가 신자들에 대한 이해가 앞서야 할 것이다. 그리고 반야般若와 유식唯識, 보살에 대해서도 알아야 한다.

재가在家 신자 집단

석가모니부처님이 깨달음을 얻은 후 전도의 길에 오르자 수많은 사람들이 그 가르침에 귀의하여 출가를 단행하게 되었다. 처음에는 남성 출가자인 '비구(빅쿠)' 를 중심으로 공동체가 형성되었고 후에 제자 아난의 노력으로 여성 출가자 '비구니(빅쿠니)' 도 공동체의 일원이 되었다. 사실 공동체의 구성원으로 '비구니' 보다 먼저 형성된 것은 남성 재가 신자 '우바새(우파사카)' 와 여성 재가 신자 '우바이(우파시카)' 였다. 우바새·우바이에 여성 출가자 '비구니' 까지 합세함으로 비로소 불교 교단의 사부대중(四部大衆; 비구·비구니·우바새·우바이)이 형성되었다.

재가 신자는 아들의 출가를 만류하러 왔던 부모들이 석가모니부처님의 가르침에 마음이 움직여 귀의하면서 형성되었다. 이들은 계를 받고 머리와 수염을 깎고 노란 옷을 입지는 않았지만, 계를 지키며 불·법·승에 귀의하여 불교 신자가 된 후 가정에 거주하면서 출가자 교단을 경제적으로 지탱해 나가도록 뒷받침을 해주는 매우 중요한 역할을 맡았다.

근본불교나 부파불교시대의 재가 신자들은 출가 수행자가 아니었기 때문에 궁극적인 깨달음의 길로 나아갈 수 없다고 생각하였다. 그렇기 때문에 보시를 하고 계율을 지킴으로써 그 공덕으로 영원한 안락이 보장되는 하늘나라에 태어나는 것[生天]이 궁극적인 목표였다.

그런데 재가 신자 집단의 도움으로 불교 교단의 경제적 상황이 안정되고 진전된 결과 출가자 집단은 한층 여유로워진 생활 속에서 여러 계열의 부파로 나뉘어져 철학적인 논쟁만을 일삼을 뿐 교단의 운영에 있어서나 대중의 교화에는 적극적인 활동을 하지 않았다. 교단의 이러한 상황은 재가 신자들의 반발을 일으키는 요인이 되었고, 또한 '모든 생명은 다 부처가 될 수 있다'는 생명동질성의 사상은 많은 재가 신자들의 인식을 변화시키는 계기가 되었다. 재가 신자들의 이러한 인식의 변화는 대승불교운동이라는 새로운 불교 개혁의 의지로 이어지게 되었다.

따라서 대승불교에서는 재가 신자가 단순히 출가자 집단을 외호하는 외호자外護者로서의 인식에서 벗어나 궁극적으로 부처와 동등한 위치에까지 오를 수 있는 존재로 인식되었다.

대승불교의 사상

대승불교의 사상은 반야(般若; 空 사상)와 유식唯識으로 대표된다.

대승불교운동의 또 다른 특징 가운데 하나는 법(진리)의 해석과 접근의 문제이다. 원래 법이란 대상적으로 바라보고 분석하는 것이 아니라 선정(禪定; 명상)의 체험을 통하여 자각하는 것으로, 진지하게 명상함으로써 얻어진 법은 인생의 근본적인 의혹을 해소시킨다. 결국 깨달음이란 인간과 만물의 진실(다르마)을 꿰뚫는 경지에서 발견되는 것이다. 이것이 석가모니부처님의 근본 가르침이었다. 이러한 불교의 법에 대한 자각이 그동안 부파불교의 철학적 논쟁과 세속화의 경향에 가려져 빛을 발하지 못하다가 대승불교운동이 일어나면서 다시 부각되고 강조되었던 것이다.

대승불교에서 말하는 법의 주체적 체험을 통하여 얻어지는 깨달음을 한마디로 정의하면 '반야(프라즈냐)의 지혜'이다. 이것은 주객의 대립을 초월한 경지에서 얻어지는 '주체적 의식'이기 때문에 이성과 지성의 세계에서 작용하는 지식과는 명확하게 구별되는 것이다. 또 이것은 선정(명상)에 의하여 얻어지는 것으로서, 대승불교에서 선정에 대한 평가가 다시 정립되기도 하였다.

'반야의 지혜'의 구체적인 내용은 '공空'이다. '공'의 사상은 만물 존재를 파악하는 새로운 방법으로 근본불교시대의 '무상無常'·'무아無我'와 크게 다르지 않다. 인간을 포함한 만물은 신의 창조물도 아니고 '영혼'과 같은 실체적 존재를 본질로 하는 것도 아니며 다만 '관계' 속에서 존재하는 것으로 항상 새로운 인因과 연緣이 더해짐으로써 그 모습을 변화시켜간다. 그러므로 항상 똑 같지 않고[無常] 영원한 내 것도 없는[無我] 것이다. 아무리 아름답고 예쁜 꽃이라도 생명이 다하면 시들어 떨어지고, 나의 아름답고 건강한 몸도 세월의 흐름에 약해지고 죽음 앞에 저항할 수 없으니 영원함이 없는 것이다. 따라서 영원하지 않는 꽃이나 인간은 그 본성이 원래 '공'이므로 집착하여 서러워할 필요가 없다. 이러한 근본불교의 '무상', '무아'와 일맥상통하는 '공'의 사상이 대승불교에서 새롭게 부각되고 강조되었던 것은, 모든 현상을 실체로 파악하고 분별하며 집착하는 부파불교의 폐단을 지적하고 극복하기 위해서였다.

대승불교의 '만물은 공이다'는 그러므로 '만물은 평등하다'와 연결되었고, 이것은 또 누구나 부처가 될 수 있는 가능성이 열리는 것으로 이어지게 되었다. '불성佛性'이니 '여래장如來藏'이니 하는 말은 결국 누구든지 부처의 씨앗을 가지고 있으므로 법(진리)을 주체적으로 체험하여 자각하면 부처가 될 수 있다는 '실불유성悉佛有性'과 같은 것이 된다. 이것은 출가 수행자(비구)만이 부처가

될 수 있다는 부파불교의 생각을 정면으로 반박하는 것이었으며, 대승불교운동이 대중불교운동으로 자리 잡을 수 있었던 중요한 사상이며 중심사상이다.

'유식' 사상은 '공'의 사상이 시간이 흐름에 따라 지나치게 허무주의적인 경향으로 흐르자 이를 극복하기 위해 등장한 대승불교의 고도로 발전한 교리이며 철학이다. '나我'라는 실체가 있는데 항상하지 않으므로 그 본성은 '텅 빈 것〔空〕'이라 하니 그러면 움직이고 먹고 잠자고 하는 나의 모습은 도대체 무엇이란 말인가? 또 본성은 무엇이며 드러나는 현상은 무엇이란 말인가? 무지한 중생이 이해하기는 어렵고 힘든 문제이다. 그래서 '공'이라는 개념을 좀 더 합리적으로 설명하기 위해 연구하고 분석하여 정리한 것이 유식사상이다. 유식사상에서는 마음〔心〕이라는 실체를 근거로 하여 공을 설명하고 있다. 유식을 사전적 의미로 정리하면, 우주의 종국적 실재는 마음뿐으로 외계의 사물은 마음이 변하여 드러나는 것이다. 이 뜻은 결국 일체는 마음의 작용이라는 것이다.

유식에서는 '마음〔心〕'을 어떻게 보는가?
(1) 마음은 대략 8단계의 인식작용이 일어나는데,

1~5식識: 안(眼; 눈→色을 구별)·이(耳; 귀→소리를 들음)·비(鼻; 코→냄새를 맡음)·설(舌; 혀→맛을 구별)·신(身; 몸→촉감을 구별)의 감각기관으로 외부 상

황을 받아들이는 것으로 아직까지는 마음의 작용이 일어나지 않는다.

6식識: 감각기관에 의해 받아들여진 외부상황을 분석하고 판단하는 의식으로 마음의 작용이 일어나되 주관적으로 발생하므로 이기적인 인식작용이 일어난다.

7식識: 마나스Manas식(말나식)이라 하며, 마음의 밑바닥에 감추어져 있으면서 6식識을 좌우한다. 평등하고 지혜로운 본래의 마음(心)을 그릇된 외부대상에 투영시켜 착각케 함으로써 번뇌를 일으키게 하고 업을 조성하여 윤회하도록 하는 원동력이다. 그러나 7식識을 잘 이용하면 좋은 결과를 유도할 수 있는데 "모든 것은 마음먹기에 따라서"라고 할 때의 마음이 바로 7식으로 이것을 잘 계발하면 업을 좋은 방향으로 유도할 수 있다.

8식識: 아뢰야Alaya식으로 모든 업을 입력하였다가 1~7식으로 공급하여 발동하게 하므로, 즉 행동으로 나타나게 하니 윤회의 주체가 된다. 8식은 전생前生의 경험까지를 포괄하므로 무한한 가능성의 바다에 비유되기도 한다. 바다는 많은 보배들을 감추고 있다. 바다가 잔잔하여 고요하면 모든 것이 보이나 풍랑이 일면 아무것도 볼 수가 없다. 8식도 마찬가지이다. 이 마음(心)을 잘 가꾸고 계발하여 고요한 상태를 만들면 우리의 전생을 포함한 모든 행위를 들여다볼 수 있지만 번뇌의 풍랑을 일으키면 아무것도 볼 수 없어 올바른 마음작용을 할 수 없는 것이다. 고요히 선정(명상)에 들어 8식을 계발하여 만물의 본질을 깨달음으로써 해탈의 길로 나아갈 수 있는 것이다.

결국 우리 마음心의 구조는 1~6식→7식→8식의 세 가지 단계로 이루어졌다고 할 수 있겠다.

(2) 마음(心)이 일으키는 세 가지 모습
① 잘못된 견해로 집착하여 생기는 모습〔변계소집상遍計所執相〕으로 본래 없는 것인데 망령과 집착으로 인해 있다고 생각하는 것이다. 인간은 자신이 일으키는 그릇된 생각을 실재라고 착각하기 때문에 끝없는 번뇌 속에 시달리는 고통스런 삶을 살아간다는 것이다.
② 다른 것에 의지해서 일어나는 모습〔의타기상依他起相〕으로 연기緣起라고 한다. '이것이 있으므로 저것이 있다.' 자연의 순환, 우주의 섭리, 질서 등의 모두가 다른 것에 의지해서 일어나는 것이다. 하나의 싹이 움트기 위해서는 여러

● **업業**: 몸(身)·입(口)·뜻(意)의 작용으로 선악善惡을 지음으로써 생기는 것이다.
● **윤회輪廻**: 생사生死를 거듭하여 반복하는 것을 말함. 육도윤회六道輪廻라 함은 지은 업業에 따라 지옥·아귀·축생·아수라·인간·천상의 6곳에서 생사生死를 거듭하는 것을 말한다.

● **해탈**은 번뇌의 속박에서 벗어나 자유로운 경지에 이르는 것이다.

조건들의 인연이 잘 결합하여야 하듯이 만물의 있음[有]은 모두가 인연이라는 것이다.
③실답고 둥근 모습[원성실상圓成實相]으로 반야의 세계를 의미한다. 마음을 형상화한다면 원성실상이라는 것이다. 마음은 삼라만상을 생성하는 본질이나 움직이지 않는 고요함이며 모든 사물에 궁극적으로 내포되어 있다는 것이다.

보살

대승불교의 가장 이상적인 인간상은 보살菩薩이며 가장 이상적인 삶의 형태는 상구보리 하화중생을 실천하는 보살의 삶이다. 큰마음을 내어 불교에 귀의하고 네 가지 큰 서원[四弘誓願]을 세우고 완성에 이르는 여섯 가지 길[六波羅蜜]을 실천하여 위로는 깨달음을 구하고[自利], 아래로는 중생을 구제하는[利他] '자리'와 '이타'의 삶을 사는 것, 이것이 곧 보살의 삶이다.

사홍서원四弘誓願은 모든 보살이 세우는 네 가지 원으로 다음과 같다.
①**중생무변서원도**衆生無邊誓願度; 고통 세계의 중생들은 그 수가 한이 없다 할지라도 다 제도制度하겠다는 원
②**번뇌무진서원단**煩惱無盡誓願斷; 번뇌가 한이 없다 할지라도 다 끊겠다는 원
③**법문무량서원학**法門無量誓願學; 법문이 한량없이 많아도 다 배우겠다는 원
④**불도무상서원성**佛道無上誓願成; 위없는 불도佛道를 다 이루겠다는 원

육바라밀六波羅蜜은 깨달음에 이르는 여섯 가지 방편이다. 바라밀이란 산스크리트어 파라미타paramita의 한자 음역 파라밀波羅蜜 또는 파라밀다波羅蜜多로 '저쪽에 도달한다[到彼岸]'는 뜻을 가지고 있다. 우리들의 일상적인 삶이 이루어지는 곳이 차안(此岸; 이쪽 기슭)이라면 깨달음의 세계, 부처(覺者)의 세계, 열반涅槃의 세계는 피안(彼岸; 맞은편 기슭)이 된다. 피안의 세계는 멀리 저쪽 기슭에 있으므로 그곳으로 우리가 찾아가 다다라야 하기 때문에 도피안到彼岸이 되는 것이다.

보살의 수행으로 육바라밀을 제시한 것은 석가모니부처님께서 전생에 호명보살로 계시면서 육바라밀을 실천하여 후생에 부처[覺者]가 되었다는 이야기에서 비롯되었다.

육바라밀의 구체적인 내용에 대해 알아보자.
①**보시**布施**바라밀**은 자신이 가지고 있는 것을 조건 없이 널리 베푸는 것을 말한다. 대표적으로 세 가지 보시를 꼽는데, 재보시(財布施; 재물로써 보시하는 것), 법보시(法布施; 진리에 목말라 하는 사람들에게 법을 전해 주는 것), 무외보시(無畏布施; 삶이 두려운 사람들에게 용기를 주어 두려움을 없애 주는 것을 말하는데, 탐

● **보살**은 보디삿트바, 깨달음(보디)을 구하여 수행하는 자로 아직 부처覺者는 이루지 못한 자를 말한다.

욕과 분노와 어리석음에 찌든 사람들에게 잘못된 생활을 깨닫게 하여 보살의 길로 나아가게 하는 것)가 그것이다. 보시는 자신의 능력에 맞게 아낌없이 하되 어떤 보답도 기대하지 말고 더 나아가 '내가 보시했다' 는 생각조차 끊고 해야 한다고 경전은 말하고 있다.

② **지계**持戒**바라밀**은 계를 받아 지니고 실천하는 것을 말한다. 재가의 오계와 출가의 구족계를 지켜 윤회의 과보를 일으키는 행위를 다스림으로써 함부로 날뛰는 마음을 제어하고 악과惡果를 부르는 원인을 짓지 않게 하는 것이다.

③ **인욕**忍辱**바라밀**은 참고 인내하는 것으로, 이런 훈련이야말로 자신을 다스리기에 더할 수 없이 좋은 것이다. 어떠한 어려움에도 굴하지 않고 자신의 믿음을 지키면서 살아가는 것이 바로 보살의 삶이며, 철저한 자기반성과 성찰을 통해 깨달음을 얻어가는 것이다.

④ **정진**精進**바라밀**은 수행을 게을리 하지 않겠다는 맹세이다. 우리가 이루어야 할 깨달음이란 길고도 멀 뿐 아니라 험난한 길이다. 그 힘든 길을 꾸준히 가기 위해

● 오계五戒

불살생不殺生: 다른 생명을 빼앗거나 남에게 시켜서 목숨을 빼앗지 않을 것을 맹세하여 마음에서 잔인한 심성이 자라지 못하도록 하는 것으로 모든 생명을 소중하고 존엄하게 생각하는 데서 비롯되었다.

불투도不偸盜: 남의 물건을 훔치지 않을 것을 맹세하는 것으로 석가모니부처님께서는 '응분의 보시를 받아라' 는 말씀을 자주 하셨는데, 이것은 곧 주는 만큼 또 필요한 만큼만 받는 것을 강조하신 것이다. 필요 이상을 가지려는 것은 탐심(貪心; 욕심)이니 진심(瞋心; 분노)의 원인이 된다. 채워지지 않는 욕심은 분노의 마음을 일으키기 때문이다. 또 진심瞋心은 치심(恥心; 어리석은 마음)의 원인이니 진심을 일으키면 남을 원망하고 미워하며 심지어 남의 것을 훔치게 되는 악과惡果를 낳아 윤회의 과보를 일으키게 된다. 남이 주지 않는 것을 훔치지 말고 이유 없이 남의 신세도 지지 않는, 어쩌면 오늘 우리 생활에서 가장 필요한 계율이 아닐까?

불사음不邪淫: 부정한 음행을 하지 않을 것을 맹세하는 것으로, 출가자와 같이 절대적인 금욕을 요구하는 것은 아니지만 재가자에게도 절제하는 성性을 통해 무질서하고 책임 없는 성의 문제가 발생하는 것을 방지할 수 있다.

불망어不妄語: 거짓말 하지 않을 것을 맹세하는 것으로, 거짓말뿐만 아니라 사람간의 사이가 멀어지게 하는 말, 허황된 말까지도 포함하고 있다. 인간관계에서 중요한 것 중의 하나가 신뢰이다. 거짓말이라는 것은 인간관계의 불신不信을 조장하고 심지어 자신의 마음까지 속이는 행위가 되므로 맑은 마음을 유지하여 좋은 과보를 얻는 데 방해가 된다.

불음주不飮酒: 술을 마시지 않겠다는 맹세인데, 술이란 것은 마시는 자체가 나쁘다라기보다 술을 마신 이후의 행위의 부작용 때문에 마시지 못 하도록 하는 것이다. 술을 마시면 이성을 잃고 제멋대로 행동하면서 자신을 비롯하여 여러 사람들을 곤란하게 하는 일이 많다. 뿐만 아니라 고요한 마음을 유지하여 좋은 과보를 얻는 데 방해되는 것이 또한 술이므로 술을 엄격하게 다스리는 것은 중요한 일이다.

서는 끊임없이 노력하는 수밖에 없다.

⑤ **선정**禪定**바라밀**은 마음을 고요히 하겠다는 것인데, 번뇌와 망상으로 얼룩진 우리들의 마음을 고요히 가라앉혀 맑은 물과 같이 만들어야만 어리석음은 벗어 버리고 만물의 본래 모습을 담아내는 지혜를 가질 수 있다. 풍랑이 이는 바다는 바다 속의 보물을 우리에게 보여 주지 못한다. 바람이 가라앉고 고요해져야만 그곳의 수많은 보물을 보여 줄 수 있는 것과 같이 우리의 마음도 똑 같다. 선정에서 얻는 보물이 지혜이다.

⑥ **지혜**智慧**바라밀**은 삿되고 나쁜 소견을 버리고 참된 지혜를 얻겠다는 것인데, 지혜는 우리가 배워서 익히는 지식과는 차원이 다르며 욕심과 집착을 버린 맑은 마음으로 모든 것을 참답게 바라보는 것을 말한다. 차안에서 피안에 이르는 유일하면서도 직접적인 길이 지혜바라밀이다.

*팔정도八正道와 육바라밀六波羅蜜의 차이는 자리自利와 이타利他의 차이다. 보시와 인욕은 팔정도에는 없는 항목이다. 왜 그럴까? 팔정도가 자기수행을 통해 인격을 완성하는 것이라면 육바라밀은 자신뿐만 아니라 다른 사람도 함께 구제하겠다는 대승불교의 보살정신이 포함되어 있기 때문이다.

보살의 삶이란 대승불교가 추구하는 이상이다. 특히 '이타利他'의 정신을 강조함으로써, 스스로의 깨달음을 얻는 것이 목적이므로 그 깨달음이 결과적으로 '이타'의 행위로 이어질 수 없다고 보는 남방불교계를 소승불교라 규정하면서 차별화하였다.

또한 '실유불성悉有佛性', 즉 '생명이 있는 모든 것은 부처가 될 수 있다'는 사상을 강조하는 대승불교에 와서는 한없는 부처[覺者]의 출현이 가능하게 되었으므로 재가·출가를 막론하고 대승법을 수행하여 부처가 되려는 모두를 보살이라 지칭하며 그 범위를 확대 적용하였다.

우리 절집에서 많이 보이는 부처와 보살은 이러한 배경으로 모셔지게 되었는데, 특히 문수文殊, 보현普賢, 관음觀音, 지장地藏과 같은 보살들은 중생들 가장 가까이에서 각각의 큰 서원誓願을 통해 조건 없는 보살의 마음으로 중생들을 지켜주시는 분으로 자리하고 있다. 내친김에 절집 보살전을 둘러보도록 하자.

● **보살**菩薩이란 말이 우리나라에서는 여자재가신도(우바이/優婆夷)를 존칭하는 말로 쓰이고 있다.

천개의 손과 눈으로 중생을 보듬는 관세음보살이 계시는
원통전 · 관음전

속리산 법주사 원통보전의 현판

절집의 주전각일 때 원통전, 부속전각일 때 관음전

절집에서는 ♪ 어디선가 누구에게 무슨 일이 생기면~↗ 나타나는 것이 '짱가'가 아니라 관세음보살觀世音菩薩이시다. '보살'은 큰 서원을 발發하고 육바라밀행六波羅蜜行을 실천하여 부처[覺者]가 될 것이라는 수기授記를 받고 부처가 될 수 있는 경지에까지 올랐으나 한치 앞을 볼 수 없는 깜깜한 어둠 속에서 헤매는 불쌍한 중생을 두고 해탈할 수 없다는 그 마음 하나로 열반의 길을 포기하고 중생 구제의 행行을 실천하는 분들이다.

수기는 보살이 서원을 발했을 때 그 서원이 장차 성취되어 "그대는 부처가 될 것이다"라고 하는 예언을 말한다.

그중에서도 가장 대중적인 인기를 끌고 있는 보살이 관세음보살이다. 관세음보살은 자비를 본질로 하는 보살이다. 우리는 보통 '소리[音]'는 '듣는다[聽]'로 표현한다. '소리[音]'를 '본다[觀]'고 하면 어디가 이상한 사람처럼 취급될 것이다. 그러나 관세음보살은 '관음觀音'하는 신통력을 가지고 있다. 그것도 '세상의 모든 소리[世音]를 관觀한다' 하여 '관세음觀世音'이라고도 부른다. '관세음觀世音' 하는 관세음보살의 신통력이란 어떤 것일까?

우리는 보통 말 못하는 갓난아기가 울면 당황하여 어찌할 바를 모른다. 하지만 아기 엄마는 그 소리를 듣고 배가 고픈지 기저귀가 더럽혀졌는지 금방 알아차리고 문제를 해결해 아기의 편안한 미소를 유도한다. 단순히 그 '소리[音]'를 듣기만 하고 지나친다면 문제를 해결할 수

팔공산 파계사 원통전

재약산 표충사 관음전

없다. 그리고 서로 통하는 마음이 없다면 그 '소리'를 듣고도 해결해 줄 수가 없다. 그렇지만 그 '소리'를 온 마음으로 듣고 문제를 알아 해결해 주는 것까지 이루어진다면 그것은 '관음觀音', 즉 '소리(音)'를 보는 것(觀)'이 된다. 관음의 능력은 관세음보살이나 어머니, 온 마음으로 상대방을 관찰하는 사람이 아니면 가지기 어려운 위대한 능력이다.

금정산 범어사 관음전 현판

관세음보살은 중생을 사랑하고 아끼는 간절한 마음만큼이나 그 능력 또한 대단하여 중생의 위급한 정도에 따라 각각 33가지의 다른 모습으로 나투시는데(33應身), 자유자재로 모습을 바꾸어 나투신다고 하여 관자재보살觀自在菩薩이라고도 한다. 『묘법연화경』 「관세음보살보문품」에 구체적인 내용이 잘 정리되어 있다. 불구덩이에 빠진 중생이 간절한 마음으로 관세음보살을 염(念; 생각)하면 보타락가산에 머무르시던 보살이 관세음해서 나투시어 불구덩이를 연못으로 변하게 한다든지, 풍랑을 만나 배가 뒤집히더라도 간절한 마음으로 관세음보살을 염하면 나투시어 풍랑을 가라앉히고 배를 낮은 곳으로 닿게 한다든지, 참수형에 처한 중생을 구제한다든지, 아기의 출산을 돕는다든지 각기 다른 33가지의 모습이 묘사되어 있는데 대부분이 극히 현세이익적인 것이다. 그래서 그런지 많은 보살 중에 특히 관세음보살은 중생의 현실적인 욕망을 충족시켜주는 자비로운 보살로 널리 신봉되고 있으며, 현세 기복祈福적인 기능을 가지고 있는 민간신앙적인 차원에서 예배의 대상으로 흡수되어 각 지역의 민간신앙을 불교화시키는 데 지대한 공헌을 한 보살로 인식되기도 한다. 가장 대중적으로 신앙화된 보살이 바로 관세음보살인 것이다.

관세음보살이 관자재해서인지 6관음, 7관음, 32관음, 33관음 등 그 종류도 다양하다. 우리가 볼 십일면 관음十一面觀音과 천수천안 관음千手千眼觀音 등을 포함한 7관음이 가장 일반적으로 형상화되고 있다.

관세음보살은 어떤 모습을 하고 절집 어디에 계실까? 뒤에서 자세히 살펴보겠지만, 불상佛像과 달리 보살상菩

속리산 법주사 관음보살상

薩像은 머리에서부터 발끝까지 화려하게 장식되어 있고 손에는 각각의 물건(持物)들을 들고 있는 것이 특징이다. 특히 머리에 쓰고 있는 화려한 보관寶冠 속에 새겨진 것들로 보살을 구분하기도 하는데, 관세음보살의 가장 큰 특징은 보관 속에 불상이 새겨져 있다는 것이다. 그리고 손에는 보병寶瓶 또는 연꽃蓮花, 드물게 보주寶珠를 쥐고 있기도 하지만 지물이 없는 경우도 있다. 자세는 서 계신다든지(立像) 앉아계신다든지(坐像) 아니면 아줌마 자세로 편안하게 앉아계시기도 한다(遊戲坐像).

조각상이나 회화에서 천수千手

남방의 모든 나라를 돌아다니며 53선지식의 가르침을 받은 남순동자南巡童子

바다에 살며 비와 물을 관장하여 불법을 수호하는 해동 용왕海東龍王

재약산 표충사 천수천안상

를 다 묘사하기는 힘들다. 그래서 양손을 제외하고 각각 20개씩 40개의 손을 양쪽에 형상화하는데(생략하여 18개의 손으로 형상화하기도 함), 하나의 손으로 25계界로 나누어지는 육도六道의 중생을 구제한다고 하면 40×25=1,000이라는 숫자가 되기 때문이다. 천안의 상징으로 수많은 손에 눈동자들이 그려져 있기도 한다.

관세음보살이 절집 전각에 모셔질 때에는 독립된 상像으로 또는 석가모니부처님이나 아미타부처님의 협시보살脇侍菩薩로 주로 좌측에 위치하며 대웅전(大雄殿; 석가모니부처님의 협시일 때)이나 극락전(極樂殿; 아미타부처님의 협시일 때)에 모셔진다. 독립된 상으로 모셔질 경우에는 ①관세음보살의 좌우로 해동용왕과 남순동자가 협시한 상이거나 ②십일면十一面의 천수천안千手千眼 상이 모셔진다. 십일면의 천수천안 상이야말로 관세음觀世音

천수천안십일면관음보살상千手千眼十一面觀音菩薩像: 손이 천 개, 눈이 천 개, 얼굴이 열한 개, 상상하면 희한한 모습일 것 같지만 직접 그 앞에 앉아 한량없이 자애로운 얼굴을 본다면 그런 마음 싹 사라진다. 저 눈과 저 손, 저 얼굴로 나를 어려움에서 구제해 준다 생각하면 눈과 손, 얼굴이 더 있었으면 하는 욕심이 난다. 혹 어려운 중생이 너무 많아 나를 지나칠까 하는 소심함이 만들어낸 치심恥心이다.

하고 관자재觀自在하는 관음觀音의 성격을 가장 잘 나타낸 것이라 하겠다. 열한 개의 얼굴, 천 개의 손과 천 개의 눈은 자비로운 마음과 함께 중생이 위험에 처하면 어디든지 가서 구제하려는 보살의 마음을 가장 잘 묘사한 것이 아닐까.

관세음보살은 유독 불교의 상징인 연꽃과도 관련이 깊어 손에 연꽃을 쥐고 있는 모습이나 연꽃을 타고 있는 모습으로 그려져 절집의 벽면을 장식하기도 하고, 물〔水〕과도 연관이 깊어서인지 바닷가 절집에 해수관음海水觀音으로 계시면서 수호신으로서의 역할을 하기도 한다. 우리나라에서도 널리 신앙화된 관세음보살인 만큼 관음의 기적이 일어난 전설을 지닌 절집은 성지로 인식되어 많은 사람들이 찾고 있다. 양양 낙산사의 홍련암, 남해 보리암, 여수 향일암, 설악산 오세암 등이 대표적인 곳이다.

관세음보살을 모신 전각은 절집의 부속전각일 때는 관음전觀音殿이라 부르고 보통 대웅전의 좌측에 자리한다. 이는 관세음보살이 좌측에서 협시하기 때문이다. 그리고 관세음보살이 절집의 주불主佛로 모셔질 때에는 원통전圓通殿이나 원통보전圓通寶殿으로 부른다.

오른쪽 사진은 여수 향일암 관음전 옆에 서 계신 해수관음상海水觀音像이다. 동백이 필 때면 끝없이 펼쳐진 바다에 점점이 붉은 빛이 눈을 사로잡아 넋을

내장산 내장사의 천수천안 십일면관음보살상

천수
십일면

잃고 만다. 관음전 앞 너럭바위에 앉아 하염없이 내려다 보는 바다는 관음의 넓은 품이다. 봄 햇살만 주의한다면 하루 종일도 그 구경이 좋다.

향일암 관음전 옆의 해수관음상

지옥문에서 우리를 기다리는 지장보살님이 계시는
지장전·명부전

확탕지옥문鑊湯地獄門 앞에서 중생을 구제하기 위해 서 계신 지장보살

확탕지옥은 '쇳물이 끓는 솥에 삶기는 고통을 당하는 지옥'으로 부처의 금계를 깨뜨린 사람이나 중생을 죽여 고기를 먹은 사람, 중생을 태워 죽인 사람 등이 가는 지옥이다. 중생은 생명이 있는 모든 어리석은 존재이다. 육식肉食을 하는 우리들은 확탕지옥으로 가는 것이 예정된 존재들인지 모른다. 이제부터라도 지장보살님을 열심히 생각해 보는 게 어떨까?

지장보살은 지옥·아귀·축생·아수라·인간·천상 등 6도六道를 윤회하면서 끝없이 방황하는 중생들을 구제하려고, 지옥문을 지키고 있으면서 지옥의 고통 속에 빠져 있는 중생들을 인도하여 극락정토로 이끌어 주시는 분이다. 지장地藏은 '대지에 숨겨진 것'이라는 말이다. 그 어떤 차별도 없이 모든 것을 받아주고 또 모든 것에 생명을 불어 넣어주는 것, 그것이 바로 대지가 가지고 있는 힘이다. 이렇게 본다면 세상의 모든 중생을 차별 없이 고통 속에서 구제하여 새로운 세계로 이끌어 주는 지장보살이야말로 대지의 힘을 가졌다 할 수 있으니 그 이름의 값이 합당하다 하겠다.

이러한 힘을 가진 지장보살은 천상계 중 하나인 도리천에 머물면서 매일 아침 선정에 들어 중생들을 두루 관찰하여 천상에서 지옥까지의 일체 중생을 구제한다고 한다. 『지장보살본원경』에 의하면 지장보살은 중생을 구제하는 방법이 백천 가지나 되고, 죄를 짓고 고통 받는 중생들을 차별 없이 해탈케 하려는 큰 서원을 세웠다고 하니, 살면서 의식적이든 무의식적이든 죄에 노출되어 있는 우리로서는 큰 위안이 아닐 수 없다. 든든한 보디가드 지장보살님! 그래서 그런지 관세음보살과 쌍벽을 이루며 대중의 사랑을 받고 있다. 살아서는 관세음보살님이, 죽어서는 지장보살님이 지켜 주시니 이쯤 되면 비빌 언덕이 확실하게 확보된 셈이다.

금정산 범어사 지장전 현판

화산 용주사 지장전

봉미산 신륵사 명부전과 현판

지장보살과 도명존자·무독귀왕·시왕과 사자·장군·졸리의 상들을 배치시켜 명부의 세계를 재현해 놓은 도솔산 선운사 명부전 내부

시왕의 권속들
사자, 장군, 졸리, 시동
(두륜산 대흥사 시왕권속과 시동)

육환장六環杖은 고리가 여섯 개 달린 석장으로, 움직이면 소리가 나서 중생에게 자신의 존재를 알리기 위해 들고 다닌다고 한다.

절집에서 지장보살을 찾기란 그리 어렵지 않다. 외모가 조금 특이하시다. 머리카락을 완전히 깎아 초록색으로 염색(?)하신 모습이거나, 아니면 머리에 특수한 가운처럼 된 두건을 쓰고 계신다. 머리에서 발끝까지 화려하게 장식한 다른 보살들과는 달리 지장보살은 화려한 치장보다는 간편한 모습을 하고 있는데, 이는 그 누구보다도 빨리 중생을 고통으로부터 지켜내려는 119의 정신이라고나 할까? 손에는 육환장을 들고 언제든지 일어서서 나가기 쉽게 한쪽 무릎을 구부리고 걸터앉아 계시니 중생을 사랑하는 마음이 얼마나 큰지 충분히 알 수 있을 것이다. 그러나 절집에 따라서는 육환장 없이 그냥 가부좌를 들고 계시기도 하다.

그렇다면 지장보살은 절집 어디에 계실까? 지장보살이 협시보살로 계실 때에는 대웅전이나 극락전에 모셔진다. 관세음보살과 함께 석가모니부처님을 협시할 때에는 대웅전에 모셔지고, 대세지보살을 대신하여 관세음보살과 함께 아미타부처님을 협시할 때에는 극락전에 모셔지는데 보통 우측에서 협시한다.

지장보살이 중심이 될 때에는 지장전地藏殿이나 명부전冥府殿에 모셔지는데, 보통 대웅전의 우측에 위치한다. 안을 살짝 들여다보기 전에 맘의 준비를 할 필요가 있다. 죽음 이후에 우리가 만날 세계를 재현해 놓았으니까.

중앙에는 지장보살상이, 그 좌우로는 도명존자와 무독귀왕이 협시하고, 그 주위로는 명부를 주재하는 시왕十王과 사자·장군·졸리卒吏의 상들이 배치되어 있다. 지장전이나 명부전에는 자비로운 모습을 한 지장보살도 계시지만 무서운 얼굴을 하고 손에는 방망이를 치켜들고 있는 외호장군과 깐깐한 모습으로 우리의 행동 하나하나를 체크하실 것 같은 판관과 심판자 시왕들이 계시니 해질녘에 절집을 찾아 명부전을 들여다보면 으스스하다. 물론 죄가 많은 사람은 더 할 것이다.

도명존자道明尊者: 『환혼기』에 따르면 중국 양주에 있는 개원사의 승려였던 도명이 동명이인을 착각한 명부(冥府; 사후세계)의 실수로 우연히 명부에 끌려가 그 세계를 경험하고 다시 풀려났다고 한다. 말하자면 도명은 사후세계의 경험자인 것이다.

무독귀왕無毒鬼王: 지장보살의 전생에서 지장보살을 안내했던 재수보살의 전신이라 하는데, 지옥을 안내하는 지옥의 왕이다.

자세에 따라 다양한 모습을 하고 있는 절집 지장보살상

반가상의 지장보살상

육환장을 든 입상의 지장보살상

좌상의 지장보살상

제1왕 진관대왕

제2왕 초강대왕

지장전을 명부전이나 시왕전十王殿이라고도 부르는데, 원래 지장보살을 모신 지장전과 시왕을 모신 시왕전이 따로 존재했으나 어느 순간부터 이 둘을 합쳐 명부전이라 부르고 내부에도 지장과 시왕을 같이 모셔 명부의 세계를 재현하였다.

시왕十王은 제1왕이 진관/태광/진광대왕(秦官/太廣/秦廣大王), 제2왕이 초강대왕初江大王, 제3왕이 송제대왕宋帝大王, 제4왕이 오관대왕五官大王, 제5왕이 염라/염마대왕(閻羅/閻魔大王), 제6왕이 변성대왕變成大王, 제7왕이 태산대왕泰山大王, 제8왕이 평등대왕平等大王, 제9왕이 도시대왕都市大王, 제10왕이 오도전륜대왕五道轉輪大王이다.

사람이 죽으면 생전 스스로 지은 죄악에 대하여 죽음 이후 7일마다 7번, 100일 되는 날, 1년 되는 날, 그리고 3년째 되는 날, 각각 모두 10번의 심판을 받게 되는데, 죽고 난 후 7일 동안 명부까지 끌려가서 처음 만나는 왕이 진관대왕이며, 마지막 3년째 되는 날 최종적으로 육도六道의 어느 곳으로 가야 하는지를 결정하는 것은 오도전

제3왕 송제대왕
제4왕 오관대왕
제5왕 염라대왕

륜대왕이다.

　10번의 심판에서 다섯 번째 염라대왕과 일곱 번째 태산대왕의 심판이 중요하다. 염라대왕의 심판에는 업경대(業鏡臺; 살아서 지은 선악의 업이 모두 나타나는 거울)가 있어 확실한 증거를 제시하므로 무서우며, 태산대왕은 죽은 지 49일 만에 만나는 심판관으로 육도의 어느 곳으로 보낼지를 결정하기 때문에 중요하다. 그래서 절집에서는 49재를 모셔 죽은 영가(靈駕; 영혼)가 심판을 잘 받도록 유도한다.

　그런데 재미있는 것은 마지막 과정까지 억울한 판결이 없도록 하기 위해 죄와 복을 평등하게 심판한다는 평등대왕과 업칭(業秤; 죄와 복의 무게를 다는 저울)을 가지고 다시 한 번 판결하는 도시대왕의 심판 과정을 남겨 두었다는 점이다. 그리고 모든 심판을 받고도 2년의 시간이 더 지나야 최종 결정의 순간이 온다고 하니 인간사에서와는 달리 비교적 공정해서 억울하지는 않을 것 같다. 마지막 오도전륜대왕 앞에는 모든 심사를 끝낸 영가들이 육

업경대

도의 각 도로 배치되기를 기다린다. 살아생전 죽도록 심사받다가 죽어서도 3년 동안 이렇듯 많은 힘든 과정을 거쳐야 하니 어떠한 일이 있어도 열심히 수행해서 한방에 깨달아야겠다!!

명부전에는 각 시왕의 심판에 관한 내용을 시왕도十王圖라는 그림으로 묘사하여 걸어놓았으니 꼭 한 번 유심히 관찰하기 바란다. 준비한 이와 준비하지 않은 이의 일을 당하는 강도는 엄청 다르니까 좋은 참고자료가 될 것이다. 그것도 활자가 아닌 시청각자료이니 어렵지도 않다. 다 알고 나면 정말 잘 모셔야 할 분이 또한 지장보살님이라는 것을 절실히 느낄 것이다.

명부전을 돌아보고 나면 더욱 죽음 이후의 세계에 관심이 커질 것이다. 사람은 누구나 죽음 이후의 세계에 대해 적지 않은 두려움을 가지고 살아간다. 아마 그 누구에게도 생생한 증언을 들을 수 없어서 예측이 어렵기 때문일 것이다. 그래서 그런지 종교들은 죽음 이후의 세계에 대한 예시와 간접 증언을 들려줌으로써 현재의 삶을 선하고 충실하게 유도하려 한다. 불교도 마찬가지이다. 우

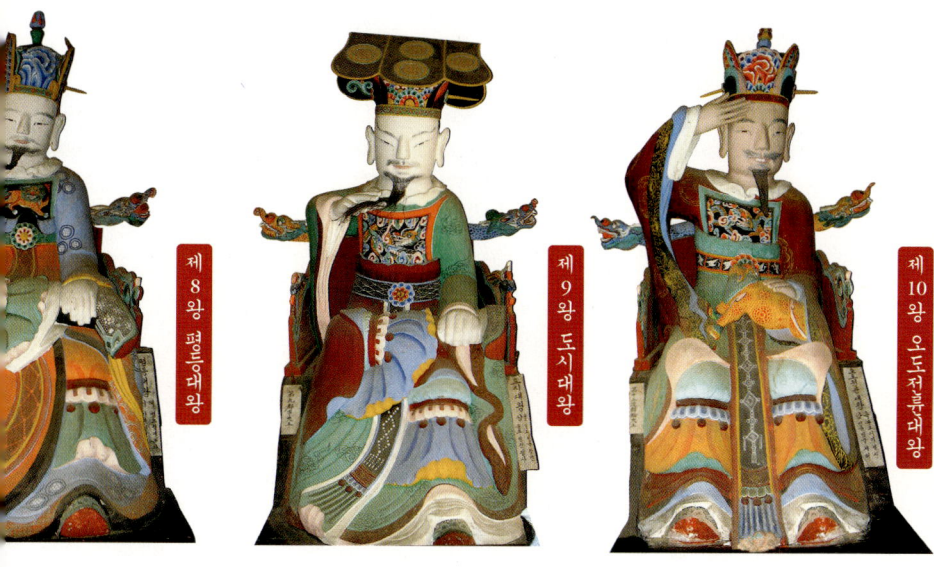

제8왕 평등대왕
제9왕 도시대왕
제10왕 오도전륜대왕

리가 석가모니부처님과 같은 완전한 깨달음에 이르러 열반에 도달한다면 죽음 이후의 세계에 대한 두려움은 없을 것이다. 그러나 무지한 중생인 우리로서는 그 완전한 깨달음에 이르기까지 그 누구도 삶과 죽음의 문제에 자유로울 수 없다. 완전한 깨달음이란 어쩌면 영원히 이룰 수 없는 것일 수도 있다.

그래서 사람들은 죽음에 대한 공포를 극복하는 한 방법으로 업(業, 카르마)과 윤회輪廻라는 사상을 발전시켰다. 업이라든지 윤회라든지 하는 사상은 철저하게 '나〔我〕'의 문제로 인식되는 것이 특징이다. 무명과 번뇌로 인해 고통당하고 있는 그 원인 제공자는 바로 '나'이고, 그렇기 때문에 그 행위의 결과 또한 '나'의 것이라는 원리이다. 그러므로 영원한 깨달음을 얻어 대자유인이 되기 전까지는 '업의 상속자'인 '나'는 한 생 한 생 머무르는 곳을 달리하는 윤회의 굴레 속에 들어가게 된다는 것인데, 이 업과 윤회의 사상이 발전하면서 인간의 생은 단발성이 아니라 어떤 방식으로든 다음 생을 기약할 수 있게 되었다.

업경대에 비친 생전의 도살 행위

시왕도 중 제5대왕 염라대왕과의 만남

불교가 발전하면서 업과 윤회에 관한 여러 가지 내용들을 정리하여 경전에 기록하고 있는데, 업의 결과 윤회하여 머물게 된 세계를 5도 내지 6도로 나타내 보이고 있다.

5도五道는 천계, 인간, 축생, 아귀, 지옥이고 6도는 여기에 아수라가 더해진다.

무서운 모습의 외호장군

(1) 천계天界는 생전 선업善業의 결과 우리가 머무를 수 있는 세계이다. 천계는 욕계欲界 6천天과 색계色界 18천天, 그리고 무색계無色界 4천天으로 28천天이 존재한다.

천계는 그곳에 사는 신들에 의해 인간의 욕망이 충족되는 곳으로, 신과 같은 수명과 힘, 행운, 지배가 있으며, 부하들이나 겉모습, 소리, 향기, 손의 감촉, 의복, 장식, 감각 기관의 즐거움과 쾌락이 모두 신에 걸맞다. 스스로 광휘에 차 있고 공중을 날아다니며, 행복하게 원하는 곳으로 가고, 음식은 풍부하고 고기와 술은 넘치며, 보석으로 수놓은 궁전에 살며 온갖 즐거움을 누린다고 하니, 『왕자와 거지』라는 이야기책의 내용같이 거지가 왕자가 되었을 때 만끽한 세상이 이런 모습 아니었을까? 아~멋진 세상이다.

이 멋진 세계를 아무나 갈 수 있다면 얼마나 좋을까? 하지만 이런 천계에 태어나기 위해서는 보시(布施; 무조건적인 보시)를 비롯한 선행善行을 하고 어마어마한 공덕을 쌓아야 하니 로또 당첨보다 어려운 일일 것이다. 그러나 아무리 좋은 곳이라도 천계는 윤회하는 세계 중 하나일 뿐, 이곳에 태어나서 머무르게 된 원인이었던 공덕이 다하면 천인天人은 다른 세계로 이동해야 하니 열반(涅槃; 윤회를 벗어난 상태)과는 확실히 다른 것이다. 그러므로 석가모니부처님께서는 천계로 가기를 바라지 말고 완전한 깨달음에 이르도록 열심히 수행정진할 것을 가르치셨다.

(2) 그러면 그 극에 있는 지옥地獄은 어떨까? 크고 작은 수많은 악업을 저지르며 사는 우리들로서는 두렵고 무서운 지옥세계에 떨어져 고통당하지 않기 위해서 지옥세계를 확실히 알아야 한다. 그래야 선업을 더욱 열심히 짓지 않겠는가!

천계만큼은 아니지만 지옥도 여러 세계로 나누어져 있다고 경전은 전한다. 팔열지옥(八熱地獄; 여덟 개의 뜨거운 지옥)과 팔한지옥(八寒地獄; 여덟 개의 추운 지옥)이 그것인데, 각 지옥의 네 벽면에는 각각 하나씩의 문이 있고 각 문마다에는 네 개의 부副지옥이 있다 하니 부지옥만 해도 모두 128개나 된다.

지옥은 뜨겁든지 춥든지 간에 고통은 매한가지라, 살갗이 부어오르고 터지는 등 파열된 신체로 인해 고통 받는 것이 특징이다. 상상해 보라. 조금만 추워서 살갗이 터도 아려 고통스럽고 뜨거운 김에 잠깐 쐬어도 쓰라린 고통은 이루 말할 수 없는데, 펄펄 끓는 물과 꽁꽁 얼어붙은 사방의 감옥 속에 칼을 차고 움직일 수도 없이 앉아 있는 고통이란 이루 말할 수 없을 것이다. 이뿐만 아니라 소리로 인해 고통스러운 지옥, 쇠꼬챙이나 창, 망치, 또는 열탕이나 피고름이 부글거리는 솥, 구더기가 가득한 솥, 총칼의 숲, 칼날이 곧게 서 있는 강 등 말만 들어도 무시무시한 곳이 지옥이라 하니 이러한 지옥에 떨어지지 않으려면 몸과 마음으로 선업을 닦기 위해 노력하는 수밖에 달리 방법이 없을 것 같다.

그런데 한 가지 재미있고도 크게 위안이 되는 것은 초기 경전에 보이는 지옥의 모습은 조금 덜 공포스럽다는 것이다. 4방과 상하가 철판으로 둘러싸여 있고 4개의 문이 있는데 다만 지면의 철판만은 뜨겁게 타오르고 머무르는 시간도 정해져 있다고 한다. 이렇듯 초기 경전에는 지옥의 수가 하나이며 오랜 세월 동안이기는 하지만 지옥에서 살아야 할 기간이 결정되어 있었다고 한다. 그러나 곧 지옥의 수는 증가되었고 살아야 할 기간도 기약할 수 없게 되었다고 하니 사는 세상이 복잡해진 만큼 죄업도 그만큼 커진 모양이다. 어쨌든 지옥은 중생들이 자기가 지은 죄업으로 말미암아 가서 나게 되는 지하의 감옥이고, 그래서 여러 가지 고통이 함께 수반되는 곳이다.

(3) 지옥보다 한 단계 위인 아귀餓鬼의 세계는 어떨까? 아귀는 '프레타preta' 로 '가버린 사람' 또는 '죽은 사람'이라는 뜻이다. 경전 속에서는 아귀의 세계를 지옥과 축생계 사이에 설정하고, 살아생전에 몹시 인색하여 보시를 하지 않았거나 다른 사람의 보시를 방해하는 행위를 저지른 자가 가는 곳이라고 말하고 있는데, 그곳에서는 모든 아귀들이 벌거벗은 채 몸은 해골처럼 여위어 있고 뜨거운 열로 고통을 받으며, 또 입은 바늘처럼 가는 데도 배는 산처럼 부풀어 있어서 항상 목마름의 고통을 받는다고 묘사되어 있다. 우리가 흔히 '아귀처럼 먹는다'고 하는 표현이 여기서 나온 것이다.

(4) 축생畜生계는 설명하지 않아도 될 것이다. 어릴 때 밥 먹고 바로 누우면 소로 태어난다든지 게으름을 피우면 다음 생에 죽도록 일하는 소가 된다든지 하면서 게으름을 경계하는 말을 자주 들었을 것이다. 이러한 이야기는 육도윤회를 배경으로 탄생한 것이리라.

축생계는 고통이 많고 낙이 적으며, 성질이 무지하여 식욕·음욕만이 강하고 부자父子나 형제의 차별 없이 서로 잡아먹고 싸우는 새·짐승·벌레·고기 따위로 그 종

아귀

류는 매우 많아서, 『십이유경』에 의하면 고기가 6,400종, 새가 4,500종, 그리고 짐승이 2,400종이 있다고 한다. 그 살고 있는 곳도 물·하늘·뭍에 걸쳐 있으며, 중생으로서 악업을 짓고 어리석음이 많은 사람이 죽어서 축생계에 태어난다고 한다.

(5) 아수라阿修羅의 세계는 한마디로 싸움의 현장이다. 아수라는 인도에서 가장 오래된 신의 하나로 싸우기를 좋아하는 무서운 귀신이다. 그렇기 때문에 시기심이 강하고 싸움을 일삼는 사람이 죽은 뒤에 떨어진다고 한다. 끝없이 싸움만 일어나는 악의 세계인 아수라 세계에 산다면 얼마나 힘들까? 우리가 흔히 쓰는 아수라장이라는 말을 생각해보면 쉽게 이해될 것이다.

(6) 고해苦海로 상징되는 인간 세상은 우리가 살아 겪는 곳이니 더 이상 설명은 필요 없을 것이다. 그러나 인간으로 태어나기가 얼마나 어려운지는 서열상으로 보아도 짐작이 갈 것이다. 또한 불교에서는 인간으로 태어나 불법佛法을 만나기는 더 어려운 일이라 하니, 이 책 한 권 들고 절집 구경하는 그 인연도 보통은 아닐 듯싶다. 만나기 무지 힘든 이 기회를 잘 살려 한번 깨달아 볼까나!

이상이 6도의 세계에 대한 모습이다. 우리가 생전 지은 업의 인연으로 다음 생에 우리가 머물러야 할 곳이 정해진다는 것은 위안이 되기도 하고 두렵기도 한 문제이다. 만약 이 문제에 얽매여 살아야 한다면 단 하루도 지낼 수 없을 것이다. 그래서 석가모니부처님은 많은 사람들이 '죽은 이후 어떤 존재로 되는지' 물었을 때 먼저 입을 다물고 답을 유보하면서 이렇게 말씀하셨다. "형이상학적인 문제에 대해서는 확실한 대답을 할 수 없을 뿐더러 그같은 문제를 가지고 시간을 낭비하느니 차라리 살아 있는 현재의 생활에 전력을 다 하는 것이 더욱 중요하다." 우문愚問에 현답賢答이다. 살다 보면 가 있겠지! 어디든지, 지은 업대로…

감로탱

지장보살과 인로왕보살(극락으로 인도하는 보살)   칠여래   아미타삼존

상단 불보살의 세계

중단 재단과 법회의 장면

하단 삼세의 윤회를 반복해야 하는 삼계의 다양한 모습

감로탱甘露幀은 원혼들의 극락왕생을 발원하며 행해지는 영가천도재 때 봉안되는 불화로 '달디단 물 감로'와 같은 법문으로 원혼들을 극락왕생시키겠다는 생각에서 만들어진 것이다. 감로탱의 내용은 우리민족의 조상숭배의식과 잘 부합되어 널리 퍼졌던 『우란분경』과 『목련경』을 바탕으로 하고 있으며 중생교화를 위해 쉬운 그림으로 그려 표현하였다.

감로탱의 구성은 크게 3단으로 나뉘어져 있는데, 상단에는 우리를 극락으로 이끌어 줄 불보살이 그려져 있어 죽음 이후의 세상이 두려움만이 아니라 화평

● 『**우란분경**盂蘭盆經』에는 부처님의 제자인 목건련目犍連이 아귀도에 빠져 있는 어머니를 위해 부처님과 스님에게 음식을 공양하고 재齋를 올려 어머니를 아귀도에서 구하는 내용이 실려 있다.

인간사의 고단한 일상

고뇌 가운데 찾아오는 인간사의 즐거운 모습

전쟁고 　　　　　　　　　　　지옥고

하고 안락할 것이라는 것을 보여주니 선 善한 인연 많이 지어 극락왕생을 맹세케 한다. 중단은 재단齋壇을 세워 음악을 연주하고 춤을 추는 의례장면을 잘 묘사해 놓았으므로 죽음 이후 사랑하는 사람들이 나를 위해 49재를 지내 극락으로 갈 수 있는 길을 열어 줄 것이니 안심이다. 하단에는 윤회하는 중생의 모습을 생생하게 묘사하여 보여주므로 내가 지금 어떻게 살아야 하는지를 알게 하여 죽음 이후를 잘 준비할 수 있게 해주니 이 이상 좋은 참고서가 어디 있겠는가? 안 보면 후회하고 후회할 것이니 절집을 찾아 꼭 한번 자세히 보기를 권한다.

감로탱의 도상은 중국의 수륙화水陸畵를 근원으로 하고 있으나 우리나라의 풍속적인 요소가 가미되어 우리나라만의 독창적인 불화로 그 가치를 인정받고 있다. 처음으로 보여지는 시기는 16세기이나 17~18세기에 유행하였으며, 현재 50여 점이 각 절집이나 박물관에 남아 있으니 마음만 먹으면 쉽게 접할 수 있다.

지혜의 상징 문수보살이 계시는
문수전

오대산 상원사 문수동자좌상

문수보살文殊菩薩은 지혜를 상징하는 보살이다. 『수능엄삼매경』에 비교적 그 모습이 상세하게 묘사되어 있는데, 선정禪定을 통해 얻은 지혜를 실천하여 석가모니부처님의 교화를 돕는다고 한다. 문수보살은 '만주쉬리文殊師利' 혹은 '쿠마라부타'라고도 불리는데, 특히 '쿠마라부타'의 뜻이 '소년 상태에 있다'여서 그런지 보살상이 아닌 동자상으로 형상화되기도 한다.

보살상의 경우는 여느 보살상과 마찬가지로 머리에는 보관을 쓰고 몸에는 하늘을 날 수 있는 천의天衣를 걸치고 목걸이 귀걸이·팔찌 등의 장신구로 장식하였으나, 오른손에는 단호한 의지로 번뇌를 내리치겠다는 뜻에서 지혜의 칼을 들고 있고 왼손에는 푸른 연꽃을 쥐고 있다. 대좌臺座는 주로 연화대蓮花臺이나 위엄과 용맹을 상징하는 청사자靑獅子를 타기도 하는데 이것들은 다 지혜의 준엄한 성격을 암시하는 것이다.

문수보살은 지혜의 상징인 만큼 석가모니부처님이나 비로자나부처님의 협시보살로 대웅전이나 비로전에 모셔지기도 하며 절집 입구의 금강문에서 보이기도 하는데, 주로 보현보살과 짝을 이루고 있다. 그리고 문수도량의 경우는 문수전文殊殿에 단독으로 모셔지기도 한다.

우리나라의 대표적인 문수도량은 강원도 평창의 오대산 상원사와 지리

지리산 칠불암 문수전 현판

지리산 칠불암 문수전

산 칠불암이다. 오대산 상원사에는 예배의 대상으로 만들어진 유일한 동자상인 국보 제221호 목조문수동자좌상木造文殊童子坐像이 있으며 지리산 칠불암에는 문수전에 문수보살이 단독으로 모셔져 있다.

공부 잘하고 싶습니다! 문수보살님!

지금 대한민국은 온통 '공부' 라는 큰 함정에 빠져 있는 것 같다. 오로지 '공부 잘 하기' 밖에는 관심이 없는 듯 보이기도 한다. '공부' 를 해 본 사람은 알겠지만 '공부' 라는 것은 그 어떤 유혹에도 넘어가지 않을 정도의 강한 정신력과 세상이 무너지는 상황에도 꿈쩍하지 않는 뚝심이 있어야만 해 낼 수 있는 것이다. 번뇌를 단호하게 내리치는 지혜의 칼을 가지고 있는 문수보살이야말로 '공부' 하려는 사람의 좋은 본보기라 생각된다.

때때로 힘들 땐, 물론 공부하다 지칠 때를 말하지만, 절집의 문수보살님을 찾아 마음을 재정비하는 것도 좋은 방법이 아닐까 한다. 예전에 어느 노스님께서 말씀하

지리산 칠불암의 문수보살 좌상

셨다. "자식 공부시킨다고 땅 팔고 집 팔 생각 말고 뱃속에 있을 때 문수보살님 찾아 열심히 기도하라"고… 불자의 태교로 이보다 좋을 순 없지 않을까 싶다.

그 밖의 보살菩薩들

1) **보현보살**普賢菩薩은 문수보살과 함께 대승불교의 2대 이념을 상징하는 보살이다. 문수보살이 상구보리의 지智를 상징한다면 보현보살은 하화중생의 행行을 상징한다. 보현보살 역시 석가모니부처님을 도와 중생을 제도하는 일을 할 뿐 아니라 중생들의 목숨을 길게 하는 덕을 지녔다고 하여 보현연명보살普賢延命菩薩 또는 연명보살延命菩薩이라고도 한다. 그 모습은 흰 코끼리를 타고 있거나 연화대에 앉은 모습으로 형상화되는데, 깨달음과 중생구제를 향한 실천의 행을 상징하는 보살인 만큼 묵묵하고 꾸준하게 한 길을 가는 코끼리와 동반함으로써 보살행의 올바른 자세를 일깨운다. 보현보살은 단독으로 모셔지기보다는 석가모니부처님이나 비로자나부처님의 협시보살로 우측에 모셔지는 것이 보통이다. 그리고 금강문에 문수보살과 짝하여 모셔지기도 한다.

2) **대세지보살**大勢至菩薩은 관세음보살과 함께 아미타부처님의 협시보살이다. 관음의 자비와 세지의 지혜는 아미타부처님에게 있는 능력의 상징이다. 극락전의 아미타삼존이라 하면 바로 이들을 말하는 것이다. 대세지보살의 지혜와 광명은 모든 중생에게 고루 비치어 3도三途를 여의게 하고 위없는 힘을 얻게 한다 하여 대세지라 이름한다고『관무량수경』에 전하고 있다. 대세지보살은 인도나 서역지방에서는 성대하게 신앙되었으나 중국으로 전해지면서 관세음보살의 신앙에 가리어 그리 성행하지 못했다. 단독상으로 모셔지는 예는 볼 수 없으며, 보관 속에 정병淨甁이 있고 손에는 연꽃이나 경책을 들고 있는 모습이 협시보살상이나 탱화 속에 보여진다.

3) **일광보살**日光菩薩·**월광보살**月光菩薩은 『약사여래본원경』에 의하면 약사유리광정토에서 가장 대표적인 보살로 약사불을 협시하여 그 법을 수호하는 역할을 한다고 적고 있다. 약사불을 중심으로 좌우에 일광보살과 월광보살이 협시하고 보관 속에는 보통 해와 달이 새겨져 있다.

지금부터는 과거·현재·미래의 삼세三世 부처님 전殿을 돌아볼까 한다. 비로자나부처님이 계신 비로전과 석가모니부처님이 계신 대웅전, 그리고 미래에 오실 부처님 미륵보살이 계신 미륵전이 이에 해당한다. 절집의 중심이라 할 수 있으니 남은 마음을 다해 정성껏 돌아보도록 합시다~!

절대 진리,
비로자나부처님이 계시는
비로전

석가모니부처님께서는 자신의 깨달음을 '숲속에 아주 오래 전부터 존재해 왔지만 아무도 볼 수 없었던 고성古城을 발견한 것'에 비유하였다. 이 말을 따르자면 진리(법)는 석가모니부처님이 스스로 만든 것이 아니라 원래부터 존재했던 것을 발견한 것이 된다. 즉, 이 우주에는 항상 존재하는 절대 불변의 진리가 있고 그것을 석가모니부처님이 발견한 것이다. 그렇기 때문에 석가모니부처님 이전에도 누군가는 절대 진리를 발견할 수 있는 것이다. 이러한 사상을 배경으로 등장 것이 과거칠불過去七佛사상이다.

과거칠불사상이란, 석가모니부처님의 출현 이전에도 여섯 분의 부처가 있었고, 그 뒤를 이어 우리 인간의 모습으로 부처가 된 석가모니가 일곱 번째의 부처가 되어 중생을 교화하였다는 것이다. 이 과거불사상은 미래에도 얼마든지 부처가 나올 수 있다는 미래불사상으로 이어져 미륵불의 존재를 탄생시키게 되었고, 이렇게 본다면 부처는 시대마다 탄생할 수 있는 존재이고 그 숫자는 한정되어 있지 않다는 것이 된다. 이러한 점에서 누구든지 깨달음을 얻어 부처가 될 수 있다는 대승불교운동에 지대한 영향을 미치게 되어 시방삼세(十方三世; 우주)에 두루 존재하는 많은 부처가 생겨나게 되었고, 이렇듯 수많은 부처는 예배의 대상으로서나 혹은 수행의 한 행법行法인 관불觀佛이나 염불念佛의 대상으로 발달하게 되

화엄전華嚴殿
대적광전大寂光殿
대광명전大光明殿
대광보전大光寶殿
보광전普光殿

과거칠불: ①비파슈인(비바시불毘婆尸佛), ②시킴(시기불尸棄佛), ③비쉬바부(비사부불毘舍浮佛), ④크라쿳찬다(구류손불拘留孫佛), ⑤카나카무니(구나함모니불拘那舍牟尼佛), ⑥카샤파(가섭불迦葉佛), ⑦샤카무니(석가모니불釋迦牟尼佛)

지리산 연곡사 대적광전

었다.

대승불교운동의 새로운 불타관은 삼신불三身佛의 탄생 배경이 되는데, 삼신불이란 법신불法身佛·보신불報身佛·응신불應身佛을 말한다. 법신불은 석가모니부처님의 깨달음을 통해 발견된 절대 진리(법)를 형상화하고 인격화한 것으로 이것이 구상화된 것이 바로 비로자나부처인 것이다. 보신불은 아미타불이나 약사불과 같이 자리自利와 이타利他의 큰 서원을 세우고 수기를 받고 그 수행의 과보로 성불한 부처를 말한다. 응신불 또는 화신불이란 교화할 대상의 요구에 응하여 그들의 모습으로 태어나 그들을 구원하는 부처로서, 역사적 인물로서 유일한 부처인 석가모니가 우리 인간의 모습으로 태어나 우리들을 구원하였으니 응신불이 되는 것이다.

법신불 비로자나(毘盧舍那/毘盧遮那)부처님은 우리에게 석가모니부처님만큼 익숙하지는 않지만 밀교 계통의 불교국가에서는 대일여래大日如來로 불리며 최고의 부처로 숭앙되고 있다.

보개산 각연사 비로전

　석가모니부처님 당시 불교는 그 어떤 것도 신앙의 대상으로 인정하지 않고 오로지 자기 수행을 통해 진리를 찾아가는 수행법만을 인정하였다. 그렇지만 석가모니부처님의 입멸 후 점차 불교 교단의 성격이 변화되기 시작하였다. 교단 내에서도 부처와 존자들을 중심으로 하는 예배의례를 공인하게 되었고 주술적인 관념에 있어서도 발전을 이루게 되었으며, 이것들이 일상적인 신앙생활의 핵심이 되었다.

　이러한 교단 내의 변화가 이루어지는 동안 7세기경이 되면『대일경』이라든지『금강정경』이 성립되어 이른바 밀교가 명확한 모습으로 등장하게 된다. 밀교도 그 종파에 따라 다양한 모습을 띠기 때문에 '밀교는 무엇이다'라고 한마디로 정의하기는 어렵지만, 깨달음(진리)을 찾는 여러 방법 중 진언이나 다라니의 염송과 의식 등 비교적 구체적인 수행방법을 제시하는 특징을 보인다.

　불교의 진리(법) 자체를 상징하는 법신불 비로자나부처님이 밀교에 수용되면서 대일여래로 구상화되어 숭앙

9세기 경 유행하였던 철조
비로자나불
청양 장곡사 철조비로자나불
장흥 보림사 철조비로자나불

되고 있는 것은 앞에서도 이야기하였다. 저 하늘의 태양처럼 우주 전체에 두루 펼쳐진 절대 진리로 또 영구불멸의 존재로 인식되는 비로자나부처님은 우리나라에도 9세기 경 소개되어 많은 비로자나 불상이 만들어져 예배의 대상이 되었다.

비로자나 불상은 어떤 모습을 하고 있을까? 보살상이 머리에서 발끝까지 화려한 장신구로 장식한 것이 공통적인 모습인 것처럼 불상 또한 전체적인 모습은 거의 같다. 보살상이 손에 들고 있는 물건들과 보관 속에 새겨 놓은 상징물들로 구분하는 것처럼, 불상 역시 보통 수인手印이라 부르는 손 모양에 따라 그 종류를 구분한다.

비로자나부처의 수인은 지권인智拳印이다. 지권인은 모든 진리는 본래 하나라는 것[不二]을 상징하는 수인으로 절집에서는 유일한 수인이므로 찾기가 어렵지 않다.

비로자나부처님이 모셔져 있는 전각의 이름 역시 절대 진리(법)는 태양 빛에 비유되므로 빛과 관련된 글자인 '광光'이 들어가 있어 쉽게 찾을 수 있다. 대적광전大寂光殿·대광명전大光明殿·대광보전大光寶殿 등이 새겨져 있는 곳이 비로자나부처님이 계시는 전각이다. 그리고 비로전毘盧殿이나 화엄전華嚴殿으로 불리기도 한다. 비로

자나부처님은 독존으로 모셔지기도 하지만 좌우에 문수·보현보살을 협시하기도 하고 노사나불盧舍那佛과 석가모니불을 좌우에 협시하여 삼신불三身佛로 모셔지기도 한다.

철원 도피안사 철조비로자나불

(좌)석가모니불 (중앙)비로자나

(좌)+(중앙)+(우)=응신불·법신불·보신불의 삼신불

삼신

삼신三身에 대해 좀 더 살펴볼까 한다. 어릴 때 재미있게 보았던 로봇태권V, 합체하는 순간 거대한 힘을 발휘한다. 삼신도 마찬가지라고 이해할 수 있으면 좋은데 쉽게 설명이 되지 않아 안타깝다. 나름 잘 생각해서 자기화하면 좋겠다.

법신法身은 말 그대로 부처(覺者; 깨달은 자)를 이루기 위한 근거가 되는 것이라 한다면, 보신報身은 열심히 수행 정진하여 부처를 이룬 몸이라는 것이다. 그렇다면 응신(應身, 化身)은 무엇인가. 아직은 관념이기 때문에 실체가 없다. 어리석은 중생은 안타깝다. 눈으로 확인할 수 없어서… 그래서 우리와 똑같은 모습으로 응應하여 화化하신 응신應身 석가모니불이 나타나신 것이다. 의심 많은 우리를 깨달음으로 이끌기 위해서 형상을 보이신 것이다. 단, 삼신三身은 합체

(우)노사나불

하여 한 덩어리가 되어야 하나의 실체가 되는 것이다. 하나의 실체가 곧 진리(법)이고 그것을 형상화한 것이 비로자나불이다. 이럴 때면 늘 한계를 느낀다. 아주 쉽고 간단하게 설명할 수 없는 나의 능력에 대해…

속리산 법주사의 석가모니불
비로자나불
노사나불

대영웅 석가모니부처님이 계시는
대웅전

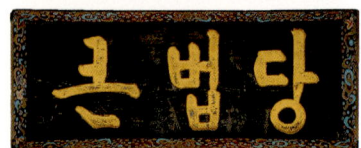

운악산 봉선사의 정겨운 한글 편액

목탑양식의 쌍봉사 대웅전 (전남 화순)

누구에게나 부처(覺者)의 길이 열려 있음을 보여주는 대승불교의 초기 경전『법화경』에서 석가모니부처님을 대영웅大英雄이라 부르고 있다. 석가모니부처님에 대해서는 앞 팔상전 부분의 팔상탱八相幀을 통하여 자세하게 정리하였기 때문에 여기서는 대웅전 내·외부를 그저 편안하게 살펴볼까 한다.

대웅전大雄殿은 절집의 가장 중심 부분에 해당된다. 석가모니부처님은 우리 인간이 깨달음으로 나아갈 수 있는 길을 보여주신 '본사本師', 즉 근원의 스승이기 때문에 그러한 분을 모신 전각이 절집의 중심이 되는 것은 당연한 것이다. 또한 그렇기 때문에 외부뿐만 아니라 내부의 치장에 온 정성을 다하여 화려하고 장엄하게 만들어 놓았다. 대웅전의 외형이 단아하고 기품 있기로는 충남 예산의 수덕사 대웅전을, 화려하나 번잡하지 않기로는 전북 부안의 내소사 대웅전을, 잘 생기고 힘이 있기로는 충남 논산의 쌍계사 대웅전을 꼽는다. 순전히 개인적인 생각이지만 정말 연애하고 싶은 이성같다. 각자 절집 순례를 하면서 연애하고픈 대웅전 하나씩 만드는 것도 썩 괜찮은 느낌이라 감히 장담한다.

대웅전의 내부는 안주인이 자신이 가지고 있는 모든 재주를 부려 꾸며놓은 예쁜 집 같다. 그런 집을 방문하면

경북 김천 직지사의 대웅전

전북 부안 내소사의 대웅보전

석가모니부처님이 대웅전에 모셔지는 여러 가지 모습

석가모니불 단독상
(오대산 월정사)

보현보살   석가모니불   문수보살

문수 · 보현보살의 협시(내소산 내소사)

관음 · 지장보살의 협시(천등산 봉정사)

약사불 · 아미타불의 협시(화산 용주사)

용이 호위하는 닫집

수미단은 세계의 중심 수미산 위에 앉아 자비와 지혜의 빛으로 중생을 구제하신다는 부처님을 상징적으로 표현하여 만든 불단佛壇이다. 꽃·새·동물 등을 화려하게 조각하였는데, 이는 수미산의 아름다운 모습을 불전佛殿 내에 재현하고 부처님의 깨달음의 세계를 장엄한 것이다.

기분이 참 좋다. 절집 대웅전도 그래서 좋다. 중앙의 화려한 수미단須彌壇 위에 모셔져 있는 석가모니부처님과 불보살님 그 위로 눈을 돌리면 눈이 부실 정도로 화려하고 장엄하게 장식해 놓은 닫집(天蓋, 寶蓋), 그리고 천장에 그려놓은 그림들과 여의주를 물고 있는 든든한 보디가드 용의 조각, 극락조를 타고 즐겁게 놀고 있는 동자상, 좌우의 신장탱神將幀, 온갖 솜씨를 부려 그려놓은 벽화들, 향로·촛대 등등 이루 말할 수 없는 아름다운 세계가 펼쳐진다.

용이 호위하고 있는 닫집과 천장의 불보살 그림, 극락조를 타고 있는 동자상, 화려한 문양이 새겨진 수미단은 대웅전을 화려하고 장엄하게 장식하는 귀한 볼거리들이다.

수미단

　대웅전에는 주존불인 석가모니부처님이 단독으로 모셔지거나 문수와 보현, 그리고 관음과 지장보살이 협시하는 것이 일반적이다. 만약 격을 높여 대웅보전大雄寶殿이라 할 때는 석가모니부처님의 좌우에 약사여래와 아미타불이 협시하여 삼존三尊을 모시는데, 삼존불을 모실 때는 후불탱이 영산회상도靈山會上圖가 아니라 삼존불을 함께 그려 넣은 것이나 아니면 각 부처님의 회상을 그린 각각의 것을 걸어 모신다.

매번 지적하는 것이지만 우리네 절집은 정형화를 벗어난 경우가 많기 때문에 대웅보전에 반드시 삼존불三尊佛이 모셔져 있지 않을 수도 있다.

아미타불　　아미타회상도　　　　　　　　영산회

대웅전 | 149

닫집(천개/보개)

석가모니불　　　　　　　약사회상도　약사불

삼존불과 각각의 회상도를 후불탱으로 걸고 있는 경북 김천의 직지사 대웅전이다. 화려한 천장, 여러 보살들이 그려진 벽화와 용과 잠자리·개구리 등이 새겨진 수미단 등 볼거리가 풍성하다.

지장보살 　천장보살 　지지보살

삼장보살도

영가단의 감로탱 　　　　　　　　39위 화엄신중도

신중神衆은 토속신들이 불교에 흡수되어 불법을 호위하고 도량을 수호하는 역할을 담당하다가 시간이 흐름에 따라 불법을 믿고 따르는 자들을 보호하는 역할까지 더하면서 하나의 신앙 형태로 자리잡게 되었다. 신중은 신중탱화로 만들어

제석천 | 동진보살 | 대범천

104위 신중도   신장도(관룡사)

신장도(미황사)

져 불전의 좌우에 걸리는데 우리나라에는 104위, 39위 신중도나 제석천과 대범천을 좌우에 둔 투구를 쓴 동진보살이 배치되어 있는 신중도가 주로 걸린다. 절집에서는 해가 바뀌면 신중기도를 모셔 1년간의 안녕을 기원하기도 한다.

석가모니부처님 진신사리가 모셔진
적멸보궁

설악산 봉정암

적멸보궁寂滅寶宮은 석가모니부처님의 진신사리를 봉안한 불전이다. 석가모니부처님의 육신과 같은 사리가 모셔져 있으므로 따로 불상을 조성하지 않고 불단 뒤로 큰 유리를 만들어 불전 뒤에 모셔놓은 사리탑에 직접 예배하는 것이 특징이다. 신라 진덕왕 때 자장 대사가 중국 오대산에서 문수보살을 친견하고 부처님의 사리와 가사를 가져와 우리나라 곳곳에 나누어 모셨는데, 경남 양산의 영축산 통도사, 강원도 인제의 설악산 봉정암, 강원도 평창의 오대산 상원사, 강원도 영월의 사자산 법흥사, 강원도 정선의 태백산 정암사가 이에 해당된다. 이 다섯 곳

오대산 상원사 적멸보궁

설악산 봉정암의 사리탑

을 우리나라 5대 적멸보궁으로 통칭하고 있는데 강원도 정선 태백산 정암사의 경우는 임진왜란을 피해 양산 통도사의 것을 나누어 봉안한 것이라 한다.

  5대 적멸보궁을 순례하면서 가장 힘들어서 가장 기억에 남는 것이 해발 1,224미터에 위치한 강원도 인제 설악산 봉정암이다. 5대 적멸보궁을 목표로 절집을 순례했던 그 해, 4곳의 적멸보궁은 별 문제없이 돌 수 있었는데 딱 한 곳! 정말 엄두가 나지 않는 곳이 봉정암이었다. 산이라면 뒷산조차 오르기 힘들어하는 내가 숨이 꼴딱 넘어가는 꼴딱 고개를 넘어야 있다고 하는 그곳을 과연⋯ 그러나 단풍이 절정을 이루던 10월 이느 날 그 아름다운 설악의 단풍을 뒤로하고 드디어 정상에 올라 새벽별을 보면서 사리탑 앞에서 하염없이 절했다. 내가 너무 장하고 기특해서, 그 순간 난 해탈이었다.

오대산 상원사
적멸보궁 현판

영월 사자산 법흥사 적멸보궁

영축산 통도사 적멸보궁

적멸보궁 | 155

태백산 정암사 적멸궁

불상이 없는 법당 내부 모습

석가모니부처님의 위대한 말씀이 있는 대장전

예천 용문사 대장전 현판

대장전大藏殿은 보통의 절집에서는 보기 힘든 전각이다. 경북 예천 용문사, 전북 김제의 금산사 정도가 대표적이라 할 수 있다. 예천 용문사의 경우 팔만대장경의 일부를 보관하기 위해 지어졌다고 하는데 전각 내부에 경전을 넣기 위해 만들었다는 윤장대輪藏臺가 있어 귀한 볼거리를 제공한다. 뿐만 아니라 손잡이를 잡고 한 바퀴 돌리기만 해도 팔만대장경을 다 읽은 것과 같아 업장소멸은 물론 극락왕생까지 보장한다니 글이 짧은 우리에게는 더없이 귀한 보물이다.

용문사 대장전에는 우리나라에서 가장 오래되었다는 목각탱도 있다. 개금을 하여 목각의 맛은 없지만 색다르니 감상할 만하다. 그리고 바닥에 붙여진 화살표를 따라 윤장대의 손잡이를 잡

윤장대

손잡이

← 화살표

예천 용문사의 대장전

예천 용문사의 목각탱

도깨비	봉황
물고기	물고기
연꽃	용

예천 용문사 대장전 처마 밑

고 한 바퀴 돌리면 깨달음이 올지 모르니 기대하시라…

용문사 대장전 처마 밑의 숨은 그림 찾기는 꼭 해 볼 만한 재미거리이다. 절집 화재 방지책으로 만들었다는 여러 조각상들을 고개를 뒤로 젖혀 찾아보기 바란다. 1984년 초파일 행사 후 절집에 불이 났는데 대장전만은 화를 면했다고 하니 용문사 명예 소방관으로 임명해도 문제없을 듯… 절집의 영험이다.

56억 7천만 년을 기다려야 만날 수 있는 미륵부처님이 계시는
미륵전·용화전

미륵부처는 인도 바라나국의 바라문 집안에서 태어나 석가모니부처님의 교화를 받고 미래에 성불할 것이라는 수기를 받은 후 현재는 도솔천에 머물면서 천인天人을 교화하고 있다. 미륵부처의 출현 시기는 석가모니부처님 열반 후 56억 7천만 년을 지난 후가 되는데, 그때가 되면 도솔천에서 사바세계로 오셔서 화림원 안의 용화수 아래서 성도하여 3회 설법으로써 석가모니부처님의 교화 때에 빠진 모든 중생을 제도할 예정이다. 그래서 그런지 미륵부처는 환란기의 많은 사람들의 신앙의 대상이 되었다. 무한한 힘을 가진 누군가에게 반드시 구제받을 수 있다는 것은 얼마나 큰 위안인가! 심지어 자기 몸을 썩지 않게 미라로 만들어 미륵부처가 올 때를 대비한 사람도 있었다고 하니 얼마나 재미있는 발상인가! 인간의 욕심이란 참으로 대단하다.

미륵부처는 범어로 마리트레야Maitreya인데 사랑·자비의 뜻을 가지고 있다. 미륵은 아직 부처가 되지는 않았기 때문에 미륵보살로 불리기도 한다. 그래서 절집에 따라서는 보살상으로 또는 불상으로 조성되어 모셔져 있다. 앞에서도 보았지만 미륵신앙은 환란이 있을 때마다 성행하였는데 미래에 오셔서 모든 중생을 구제해 주시리라고 믿는 마음이 새로운 시대의 도래를 열망하는 마음과 합쳐서 큰 시너지 효과를 낸 것 같다.

미륵신앙은 우리나라에서도 매우 성행하였는데 이는

금정산 범어사 미륵전 현판
미륵산 용화사 용화전 현판

시골아낙의 모습을 한 전남 강진 무위사 돌미륵

장육존상으로 미륵불상을 조성한 전북 김제 금산사 미륵전

미륵부처가 민초들의 한을 달래는 가장 낮은 곳에 계신 부처님으로 인식되었기 때문이다. 그래서 그런지 미륵불상은 뛰어난 작품들은 물론 아무렇게나 빚어져 마을 어귀 한 귀퉁이에 서 있는 돌미륵까지 그 종류도 다양하다. 특히, 고려 건국 이후 지방 세력인 호족을 아우르고 전쟁으로 고통 받던 백성들의 마음을 위로하는 한 방편으로 거대한 미륵불상들이 많이 조성되었는데, 이는 통일 왕조 고려의 권위를 미륵과 같은 존재로 인식케 하려는 의도였던 것으로 보인다. 또한 미륵신앙은 불상을 조성하는 것 외에 거대한 바위조차

미륵전·용화전

미륵의 대상으로 신앙되기도 하였다.

미륵전彌勒殿을 절집에 따라서는 용화전龍華殿이라고 부르기도 하는데 석가모니부처님이 보리수 아래에서 성도하신 것처럼 미륵부처님도 용화수 아래에서 성도한다 하여 붙여진 이름이다. 우리나라 5대 적멸보궁 중 하나인 경남 양산의 통도사는 용화전으로도 유명한데 '석가모니부처님의 발우를 미래세에 출현하실 미륵불에게 드리기 위해 석가모니부처님의 상수제자 가섭존자가 인도의 계족산에서 멸진정滅盡定에 들어 기다리고 있다'는 불경의 내용을 토대로 만들어진 석조봉발탑石造奉鉢塔이 용화전의 미륵부처님을 향해 서 있기 때문이다. 미륵부처님의 도래를 기대하면서 한 번쯤 가볼 만하다.

석조 봉발탑이 있는 경남 양산 통도사 용화전

🟢 미륵 부처님의 도래를 기대하는 민중들의 마음을 헤아리고 계신 듯한 모습의 전북 고창 선운사 도솔암 마애불(바위에 새긴 불상).
가운데 흰 자국에서 동학의 접주 손화중이 가져갔다는 검단 스님의 비결서가 나왔다고 한다.

162 | 4부 절집의 전각들

미륵전 · 용화전 | 163

논산 관촉사의 은진미륵과 미륵전

대표적인 거대 불상으로 손꼽히는 충남 논산 관촉사의 은진미륵.
중생의 희로애락을 눈과 마음에 다 담고 있는 듯한 모습이다. 미래세에 오시면 그 모든 것을 알기 위해서…

만어사의 미륵바위

미륵바위를 모시고 있는 경남 밀양 삼랑진의 만어사 미륵전. 용왕의 아들은 미륵바위가 되고 그를 따르던 수많은 고기떼는 온 산을 덮고 있는 작은 바위가 되었다는 전설이 있는 곳이다. 특히, 이 미륵바위는 아들을 얻게 하는 영험이 있다 한다.

천 분의 부처님이
한 자리에 계시는
천불전

천불전千佛殿은 천 분의 부처님을 한 자리에 모신 전각이다. 삼천불을 모시기도 하고 만불을 모시기도 하는데 삼천불전三千佛殿 혹은 만불전萬佛殿으로 부른다. 이는 과거·현재·미래에 수많은 부처가 출현했고, 또 출현할 수 있다는 것을 상징하는 것으로 이 전각에 오르면 나도 어느 생이든 부처가 될 수 있다는 확신이 들어 꽤 괜찮아질 나를 맘껏 상상하게 된다.

두륜산 대흥사 천불전

4부 절집의 전각들

소승불교의 이상적인 인물상이면서
우리 민간에 들어오신 나한이 계시는

나한전 · 응진전

이제부터는 절집에서 우리와 가장 친근하고 가까운 곳에 계신 분들이 모셔진 전각을 돌아볼까 한다. 산신님, 칠성님, 그리고 나한님은 우리네 살림살이 구석구석을 알고 살피는 분들이라 여겨 민간의 보통사람들이 만만하게 찾아 쪼들리고 힘든 살림살이 속내를 내보이던 분들이다. 쌀 한 줌, 동전 몇 닢 들고 찾던 그분들을 한 분 한 분 찾아뵈려 한다. 고향집 정든 어른을 찾는 기분으로 동행하길 원한다.

나한羅漢은 산스크리트어 'Arhan'을 음역한 아라한阿羅漢의 줄인 말로 석가모니부처님의 깨달음의 이치를 밝혀 소승불교의 가장 높은 지위를 얻은 자들을 말한다. 그래서 나한을 또한 응공(應供; 깨달음의 이치를 밝혔으므로 마땅히 사람들의 공양을 받을 만하다)이니 응진(應眞; 진리에 응하여 남을 깨우치게 한다)으로 부르기도 한다.

나한상을 모시는 절집에서는 석가모니부처님을 주불로 하여 좌우에 나한을 배치하는데 석가모니부처님의 제자 가운데 정법을 지키기로 맹세한 열여섯 분을 모신 전각을 응진전應眞殿이나 나한전羅漢殿이라 하고, 석가모니부처님 입멸 후 진행되었던 경전 결집에 참여했던 오백 분을 모신 전각을 오백나한전이라고 하여 구분하기도 한다. 또 석가모니부처님의 십대제자나 18나한을 모시기도 한다.

나한은 삼명三明 · 육신통六神通 · 팔해탈법八解脫法을

모두 갖추었기 때문에 중생에게 복을 주고 소원을 성취하게 해 주는 존재로 인식되어 신앙의 대상이 되었다. 대승불교 국가인 우리나라에서는 나한을 소승불교의 성자라 하여 폄하하는 경향도 있었지만『삼국유사』권2 가락국기조에 16나한이라는 말이 처음 언급되어진 이후 고려시대나 조선시대 초기까지 왕실의 주도하에 기우나 구복을 위한 나한재가 자주 개최되었으며, 뿐만 아니라 민간에서도 크게 성행하여 각 절집마다 전각을 만들어 모심은 물론 나한님의 영험과 그에 얽힌 재미있는 전설들이 전해져 오면서 지금까지도 우리 생활 깊숙이 스며들어 함께 하고 있다.

운문사 오백전 현판
마곡사 응진전 현판
선운사 도솔암 나한전 현판

운문사 오백전에는 다양한 표정들의 나한님들이 한자리에 모여 계시니 전각에 들어서면서 가장 눈에 띄는 나한님을 찜하는 것도 기도를 재미있게 하는 방법 중 하나이다. 확실한 내편을 만드는 것! 살면서 큰 힘이다. 최근 조성하였으므로 경북 영천 거조암이나 완주 송광사 나한님들과 그 모습을 서로 비교해 보는 것도 좋은 공부가 될 것이다.

국보 제14호(고려시대의 목조건축물) 경북 영천 은해사

전남 해남 미황사 응진당
석가모니부처님과 가섭·아난의 두 제자와 함께한 16나한상

오백전五百殿이란 현판을 걸고 있는 경북 청도 운문사 오백나한전과 내부

경북 영천 은해사 거조암의
영산전과 나한

거조암 영산전 안에는 526분의 나한님들이 살고 계신다. 너무나 다양한 표정들의 살아 있는 듯한 나한님들인지라 기도는 제쳐두고 구경하기에 바쁜 곳이다. 주인 없는 소를 자신의 소라 거짓말했던 500명의 심보가 고약한 이들을 성불케 하여 지금의 나한님들을 만들었다는 '소가 된 스님'의 전설이 전해져 와 더욱 재미나게 구경할 수 있다. 나한님들의 영험은 익히 알려져 기도하는 사람들의 발길도 끊이지 않는 곳이니 무슨 일이 있어도 가볼 것을

송광사 나한전 내부

제화갈라보살   석가모니불

권한다.

전북 완주 송광사 나한전에서도 17세기 우수한 조각품을 감상할 수 있다. 석가모니부처님을 좌우로 제화갈라보살과 미륵보살이 배치되고 사방 천장에서 바닥까지 나한님들이 자리하고 계신 곳이다. 제화갈라보살은 과거세에 석가모니부처님이 수행하실 때 부처가 될 것이라 수기하신 분이다.

완주 송광사 나한전

미륵보살

🌸 전북 완주 송광사는 나에게는 할 말이 너무 많은 절집이다. 처음 그곳을 찾았을 때는 나한전에서 법회가 있어 살짝 들여다만 보고 돌아왔는데 눈에도 다 담지 못하고 사진에도 담지 못해 그만 병에 걸리고 말았다. 내내 앓고 있던 내 병을 안타까워하던 소중한 인연이 이른 새벽길을 따라 그곳에 가 닿을 수 있게 해주었다. 얼마나 기쁘고 얼마나 벅찼는지 말로 표현할 수 없었다. 나한님들에게 절도 하고 말도 걸고 하면서 원도 한도 없이 시간을 보냈다. 내 눈에 다 담으려 하였으나 나 자신을 믿을 수 없었고, '사진촬영금지' 라는 글을 보면서 사진

완주 송광사 나한님들

(상)고집불통, 천하태평, 인자함, 사람 좋은 노인의 표정을 담고 있는 나한님들이다.
(하) 드라마 '꽃보다 남자' 의 F4 못지 않게 잘 생긴 젊은 나한님들이다. 특히, 세 번째 나한님은 자세에 카리스마가 묻어나 마음을 흔든다.

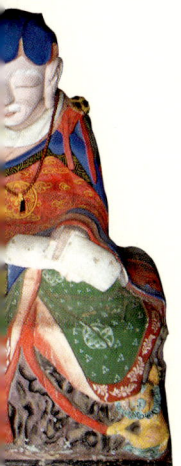

에 담아서는 안 될 것 같았고… 아! 내 맘에 일어난 갈등을 어찌 말로 다 할 수 있을까? 그 순간 문득 자세에서 카리스마가 묻어나던 젊은 나한님과 눈이 마주쳤다. '괜찮아! 맘껏 담아가도 돼! 많은 사람에게 알리면 좋은 것 아닌가?' 허락 받은 듯한 느낌에 다 담아왔다. 나중 일은 나중에 생각하기로 하고…지금도 갈등 중이다. 이 사진들을 책에 담아야 할지 말아야 할지를, 그러나 또 저질렀다. 후환을 두려워하면서도 정말 보여주고 싶어서, 죽기 전에 꼭 가서 3배 하고 마주앉아 깨달음에 대해 대화해 보기를 권한다.

선사禪師의 숨결이 머무르고 있는
조사전

이름난 선사의 영정을 모시고 제의를 받들고 있는 진영각의 모습

절집의 깊숙하고 고즈넉한 곳에는 선사들의 숨결이 머무르고 있는 전각이 있다. 절집의 개조開祖에서부터 이름난 선사, 그리고 나라를 빛낸 국사의 영정을 한 자리에 모셔 받들고 있는 조사전祖師殿이다. 조사당祖師堂, 진영각眞影閣, 국사전國師殿 등으로 조성되기도 한다.

국보 제19호 경북 영주 부석사 조사당

한글 현판이 정겨운 전남 해남 대흥사 조사전

경기도 여주 신륵사 조사당과 현판, 내부 모습. 나옹선사의 소조상과 지공, 나옹, 무학선사의 영정이 모셔져 있다.

불교 교단의 삼보=寶라 하면 불佛·법法·승僧이다. 이를 표방하는 사찰을 삼보=寶사찰이라 하는데 ①불보佛寶사찰은 석가모니부처님의 정골사리와 금란가사를 모신 경남 양산 통도사, ②법보法寶사찰은 고려팔만대장경이 모셔져 있는 경남 합천 해인사, ③승보僧寶사찰은 16분의 국사를 배출한 전남 순천 송광사이다.

16분의 국사를 배출한 전남 순천 송광사의 국사전 건물과 내부 모습

절집 가장 높은 곳에 자리한
삼성각·산신각 산령각

산신각이나 칠성각은 우리나라 절집에서만 보여지는 전각으로, 불교가 우리나라 토속신앙을 흡수하면서 자연스럽게 절집에 자리하게 된 것이다. 보통 한 건물에 세 개의 현판을 달아 산신·칠성·독성獨聖을 한 자리에 모시기도 하고, 삼성각이라 하여 이 세 성인을 한 자리에 모시기도 한다. 그리고 각각의 독립된 전각에 모시기도 하지만 규모가 작은 절집에서는 산신각만을 두기도 하며 조각상이나 탱화를 걸어 둔다.

(위) 절집 높은 곳에 자리한 삼성각에 보통 산신·칠성·독성을 한 자리에 모시고 있다. (아래) 경기도 남양주 봉선사에는 한 건물에 세 개의 현판을 달고 산신·칠성·독성을 모시고 있다. 특히, 칠성각 대신 북두각北斗閣이라는 이름이 보이고 있어 흥미롭다.

사불산 대승사 삼성각 현판

(1) 삼성각

삼성각三聖閣에는 산신·칠성·독성(나반존자)을 모시고 있으며, 인간에게 재물과 수명을 주는 신들로 신앙되고 있다.

(좌)인자한 모습의 산신과 귀여운 호랑이와 동자의 모습이 보이는 일반적인 산신탱의 구조를 하고 있는 경북 문경 김용사의 산신탱

(2) 산신각山神閣·산령각山靈閣

산이 많은 우리나라는 산신이라는 존재에 대한 의미가 남달라, 그 지역을 관장하고 지역민을 지켜주는 수호신으로서 절대적인 신앙의 대상으로 인식되어 왔다. 외래

(중앙)중앙의 치성광여래, 좌우에 일광보살·월광보살, 아래에 칠원성군, 위에 칠여래가 배치되어 있는 칠성탱

(우)나반존자가 그려져 있는 경북 문경 김용사의 독성탱

산신

종교인 불교가 우리나라에 유입되면서 토착의 산신을 불교 내로 흡수하여 절집에서도 산신을 모시게 되었는데, 재미있는 것은 토착신앙의 대상이던 산신을 예우하는 차원에서 절집 가장 높은 곳에 모시고 있다는 것이다. 어느 절집이든지 산신각은 전망이 가장 좋은 가장 높은 곳에 위치하며, 산신은 절집을 수호하고 산속 생활의 평온을 지켜주는 외호신外護神으로 존재한다. 이뿐만 아니라 자식과 재물을 기원하는 이들의 소원을 들어주는 존재로 신앙되기도 한다. 모습은 대부분 긴 수염을 가진 신선의 모습을 하고, 산에 사는 영물로 모셔지는 호랑이를 거느리고 있다. 절집마다 산신각에 모셔진 산신의 모습이 다양하여 보는 재미가 있지만, 구경만 하지 말고 삼배로 인사드리고 간절한 소원 하나씩 빌어보자. 특히 살기가 불안한 요즈음은 어디든 기대어 보는 것, 그 자체로 위안이 되지 않겠는가!

(3) 칠성각七星閣

칠성신앙 역시 민간의 신앙이 불교에 흡수된 것이다. 칠

성은 원래 중국의 도교에서 신앙되던 것으로 우리나라에 들어와 기우·장수·재물을 기원하는 민간신앙의 대상으로 인식되다가 불교에서 수용하여 절집 내에 자리하게 되었다. 칠성각에는 보통 칠여래와 북두칠성을 상징하는 칠원성군을 그려 모시고 있다. 칠성의 제1성은 자손에 만 가지 덕을 주고, 제2성은 장애 재난을 없애 주고, 제3성은 업장을 소멸해 주고, 제4성은 소원을 성취케 하고, 제5성은 백 가지 장애를 없애 주고, 제6성은 복덕을 고루 갖추게 하며, 제7성은 수명을 길게 해 준다고 하니 어느 하나 부족할 것 없는 완벽한 보디가드다. 든든하다.

경남 밀양 표충사 칠성전이다. 가운데 칠성탱이 걸려 있고, 좌우로 칠성을 부처화하여 한 분씩 모시고 있는데, 부처님을 모셔서 그런지 칠성전이라는 현판을 걸고 있다.

강원도 오대산 월정사에는 칠원성군상이 모셔져 있다. 인간의 수명을 관장하는 것이 큰 일 중의 하나여서 그런지 실과 같이 긴 수명을 원하는 누군가가 정성을 담아 실타래를 걸쳐 놓았다.

(4) 독성각獨聖閣

부처님이 출현하지 않은 세상에서 독수선정獨修禪定으로 깨달은 독각獨覺의 성자 독성을 모신 전각이다. 독성은 쉽게 말하자면 독학으로 대가를 이룬 분이다. 우리나라에서는 대부분 나반존자那畔尊者를 모시는데, 나반존자는 남인도 천태산에서 머물다가 말세 중생의 복덕을 위하여 출현하신다 하여 지금도 구복을 위한 기도가 끊임없이 이루어지고 있다.

나반존자 기도도량으로 이름 난 곳이 경북 청도 운문사 사리암이다. 삿된 것은 멀리해야 한다는 그곳에 가면 미소가 너무나 편안한 나반존자님이 천태각에 앉아 계신다. 끊임없이 이어지는 기도객들을 싫은 내색 하나 없이 다 받아주신다. 멍청하게 앉아 있어도, 생떼를 쓰고 협박을 해도 그저 웃으신다. 그래서 힘들 때 자주 찾는 곳이다. 걱정을 가득 안고 올라가 기도하다 보면 결국 웃고 나온다. 하루에 네 번 대략 2시간씩 기도하고 있는 기도도량이라 1시간 넘게 나반존자를 외쳐야 하는데(?),

긴 시간 하다 보면 '나발존자'도 되었다가 '나만존자'도 되었다가… 혀가 꼬여 결국 혼자 웃게 되는, 그래서 근심을 잠시 내려놓는 그런 곳이 사리암이다.

호거산 운문사 사리암

가람의 수호신을 모신 전각
가람각

가람각伽藍閣은 절집의 재앙을 없애고 복을 내리는 수호신을 모시고 있는 전각이다. 절집마다 다 있는 것은 아니며, 큰 절집에서는 입구 쪽에 작은 전각을 만들어 신상이나 위패로 모시고 있다.

◐ 경남 양산 통도사
가람각과 가람신상

외가람각(개)　　　　　　　　　　　　　　　　외가람각(파

가람각

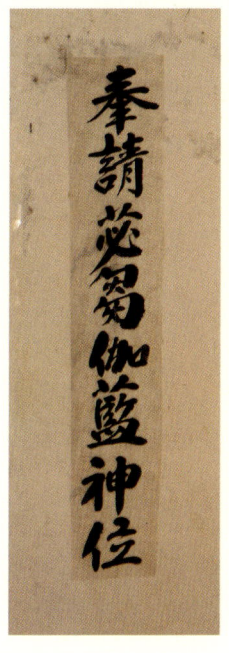

가람伽藍이란 용어는 절의 다른 이름이다. 가(伽; 절 가) + 람(藍; 남루할 람)으로 남루한 옷을 입고 걸식하는 수행승들이 모이는 장소라는 의미이다. 지금은 흔하게 사용하지 않지만, 관련서적을 볼 때면 '가람배치' 라는 말로 자주 등장한다. '절집 배치' 정도로 이해하면 된다. 지금은 '사' (寺; 절하는 모습을 형상화)니 '사찰' (寺刹; 찰나에 깨침을 이루는 곳)이니 하는 용어가 일반화 되었지만 가장 정겨운 말은 역시 '절' 이다. 죽도록 절해서 가장 낮은 마음을 만드는 곳 '절' 이다. 그러나 개인적으로는 고향집 같이 그저 편안하게 찾을 수 있는 곳인 것 같아 '절집' 이라는 말을 가장 좋아한다.

경남 밀양 표충사 외가람각과 내가람각. 특히, 외가람각에는 '봉청필추가람신위奉請苾芻伽藍神位' 라는 글귀가 붙여져 있는데 필추苾芻는 비구를 말한다. 내가람각에는 '나무가람수호신위南無伽藍守護神位' 라는 위패가 모셔져 있다.

내가람각

합천 해인사에는 국사단局司壇이란 현판을 걸고 있다.

절집 공양간에서 물과 불을 관장하는 조왕신 竈王神

경남 밀양 표충사 조왕탱과 공양간

5부 절집의 볼거리들

지금까지 절집의 주요 전각들은 다 둘러보았다. 이제부터 그저 쉬면서 재미있게 볼 수 있는 볼거리들을 정리할까 한다. 구름 한 점 없는 파란 하늘과 맑은 물소리, 절집 구석구석에서 자기 몫을 다 하고 있는 이쁜 녀석들과 함께 하면서 잠시나마 근심 보따리를 내려놓았으면 싶다.

절집의 성스러운 보물들이 한 자리에 모여 있는
성보박물관

보물 같은 탱화가 전시되어 있는 경북 예천 용문사 성보박물관 전시 탱幀이다.

박물관이 인류의 문화유산을 수집·보존하여 전시하는 공간인 것처럼 절집의 성보박물관 역시 그 오랜 역사를 증거證據하는 보물 같은 불교문화재를 안전하게 보존·관리하고 전시함으로써 불교문화에 대한 이해를 돕는 공간이다. 큰 절집이면 앞 다투어 성보박물관聖寶博物館을 만들고 있는 요즈음, 절집을 다니다보면 잘 관리되어 많은 정보를 제공하는 곳이 있는가 하면 형식적으로 유물들만 전시하고 관리가 부족해서인지 썰렁하기 짝이 없는 곳도 있다. 어떤 나라의 박물관을 보면 그 나라 문화 수준의 정도를 가늠할 수 있는 것처럼 절집의 성보박물관을 보면서 우리는 그 절집의 수준을 평가한다. 책임감 있게 잘 관리되었으면 싶다.

경남 양산 통도사 성보박물관

경남 밀양 표충사 성보박물관의 전시물들

경남 밀양 표충사는 사명대사와 관련이 깊은 절집이어서인지 최근 발견된 사명대사 난중어록 판각본을 번역 출간한 서적이 성보박물관에 전시되어 있다.

절집 내 스님들의 전문교육기관
강원·선원

청도 운문사 강원

절집에서 일반인의 출입이 엄격하게 제한되어 있는 공간이 강원講院과 선원禪院이다. 찰나의 깨달음을 향한 치열한 싸움이 일어나는 스님들의 공간이기 때문이다. 강원은 경론을 공부하는 전문교육기관으로 일정한 교육 기간동안 교육 과목을 이수해야 한다. 선원은 참선수행이 행해지는 곳으로 일정 기간 교육이 이루어지는 것이 아니라 평생 깨달음을 얻는 그날까지 혼자서 치열하게 싸워야 하는 곳이다. 스님이 깨달음을 얻으면 수많은 중생을 구제한다 하니 열심히 도와야 한다. 출입이 금지된 곳은 그저 합장하고 속히 깨닫기를 발원하면서 발길을 돌리면 된다.

아래 세 장의 사진은 1년 내내 산문山門을 닫아걸고 오

산청 대원사 선원

로지 수행정진만을 하는 경북 문경 봉암사 선원이고, 위의 2장은 경남 산청 지리산 대원사 선원이다. 봉암사가 비구(남자) 스님 선원이라면 대원사는 비구니(여자) 스님 선원이다. 운문사 강원은 우리나라에서 손꼽히는 비구니 스님 강원으로, 불이문 너머 여고생 같은 비구니 스님들이 공부하며 생활한다. 비구 스님의 강원으로 잘 알려진 곳은 경남 합천 해인사이다.

'여기는 입산통제 구역입니다. 봉암사 희양산은 스님들이 수행정진하는 조계종 특별수도원으로서…' 경북 문경 절집 봉암사 앞에 세워져 있는 안내문의 내용이다. 그렇다. 봉암

문경 봉암사 선원

사는 일 년 내내 산문을 닫아걸고 일반인의 출입을 금지하는 특별수도원이다. 그렇지만 일 년에 꼭 한 번 선물을 준다. 석가모니부처님의 생일날 주는 생일선물, 산문개방山門開放이다. 절집을 돌아다니기 시작하면서 이 날만을 기다렸다. 내가 가보고 싶을 때 갈 수 없는 곳, 그래서 더 가보고 싶은 곳, 그곳을 가기 위해 꼬박 일 년을 기다렸다. 먼 길을 쫓아 달려가니 나 같은 사람이 어마하게 많이 있었다. 차에 치이고 사람에 치이고… 어찌하다 보니 절집 마당에 발을 들여놓게 되었다. 흑흑! 눈물이 나올 지경이었다. 식구들과 떨어져 홀로 한 사팔여행(四八旅行; 석가모니부처님 탄신일이 음력 4월 8일이다), 길고 험한 길을 뚫고 온 고난의 수행자처럼 내 스스로가 대견해 감정이 흔들렸나보다. 마음을 추스르고 부처님전에 인사도 드리고, 아기부처님 목욕도 시키고(탄신일에 절집에서 행하는 행사로 탄생불 머리 위로 물을 끼얹는 행위), 내 이름을 적은 등도 달아 걸고, 이곳저곳을 맘껏 돌아다니며 사진도 찍고 메모도 하면서 그렇게 시간을 보냈다. 갈 길이 먼 나는 늦은 시간까지 욕심을 낼 수 없었다. 부처님의 넉넉한 품에서 맘껏 놀았으니 돌아가겠다는 인사와 함께 이 많은 중생이 속히 깨달아 좋은 세상이 되었으면 좋겠다는 기도로 그 한나절을 마무리했다. 우뚝한 희양산 바위들은 올 때나 갈 때나 여전히 든든했다.

스님들의 생활공간
요사채
⋯해우소

절집은 불보살님과 절집 수호신을 모시는 곳이기도 하지만 스님들이 머무르면서 공부도 하고 생활도 하면서 지내는 곳이며, 신도들의 기도처이기도 하다. 절집의 많은 공간들 중 요사채가 바로 스님들과 신도들의 생활이 이루어지는 곳이다. 그래서 요사채에는 식당, 창고, 우물, 장독, 세탁장 등 생활에 필요한 시설들이 모여 있으며 후원이라고도 부른다.

요사채는 생활공간이면서도 화두를 잡고 있는 선원과 같은 곳인가 보다. 요사채에 걸려 있는 현판들을 보면서 온 몸의 털구멍하나까지도 깨달음을 향해 열려 있는 서슬퍼런 수행승의 모습을 보는 듯했다. 심검당이니 설선당이니 관심당이니 하는 당호堂號를 보면서 스쳐간 생각이다.

요사채의 바른 표현은 요사寮舍이나 여기서는 익숙한 표현이라 요사채로 한다.

담장너머로 살짝 보이는 요사채 안의 모습이 궁금했다. 말린 가지나 겨우내 김장은 절집의 좋은 먹거리인 모양이다. 풍경이 너무 정겹다.

상왕산 개심사의 심검당과
봉미산 신륵사의 현판

심검당尋劍堂은 말 그대로 하자면 칼을 찾는 집이다. 절집의 칼(劍)은 번뇌망상을 한 순간에 내리칠 예리한 칼을 말할 것이고, 심검당에서의 찰나찰나가 바로 검劍을 찾아(尋) 내리칠 그 순간을 위한 수행일 것이다. 충남 서산 상왕산 개심사의 요사채는 심검당이다. 절집 개심사는 이름부터 범상치 않았는데 요사채의 당호는 물론 그 모습까지 법문을 하고 있었다. '굽으면 굽은 대로 곧으면 곧은 대로 다 쓰임이 있느니라.' 한껏 꺾여 있던 나의 기를 되살려 준 개심사로의 여행이 잊혀지지 않는다.

충남 청양 장곡사 요사채 설선당은 절집 살림살이가 더 나와 있어 오히려 정겨웠다. 설선당說禪堂이라 하여 '선禪을 말하는 곳' 정도로 해석을 하였는데, 뒤에 찾아보니 설선당은 참선參禪과 강설講說이 함께 이루어지는 곳이라 한다. 반면 적묵당寂默堂은 말없이 참선만 하는 곳이라는 의미가 된다.

청량산 장곡사 설선당과
천등산 봉암사 관심당

경북 안동 봉정사 영산암의 요사채는 관심당觀心堂이다. '마음을 보는 집'이라. 마음을 본다는 것은 바로 깨달음 아닌가? 이제는 절집 요사채도 편하게 머무르지 못할까 걱정이다. 관심당에 앉아 마주 보이는 곳이 영화 '달마가 동쪽으로 간 까닭은?'을 촬영했던 송암당松岩堂이다. 절집은 구석구석이 볼거리요 화두거리다.

절집 화장실 해우소解憂所이다. '근심을 해소하는 곳'이다. 먹고 싸지 못하는 것만큼 큰 근심이 또 어디 있을까? 먹고 싸야 깨달음도 이루는 중생을 위해 꼭 필요한 곳도 절집은 과학적이다. 재래식 화장실의 냄새는 '맡아보지 않았으면 말을 하지 마'의 경지이다. 절집 해우소는 이런 점을 해결하기 위해 문을 달지 않았고 냄새 빠지는 환기구도 예쁘게 장식되어 있다. 그리고 깊이가 깊어 오래 묵혀 거름으로 쓰기도 한다. 위의 사진에 보이는 문짝이 바로 그것이 나오는 곳이다. 물론 재래식 화장실이 있는 절집의 이야기다. 요즈음은 절집도 다 수세식!

운달산 김용사의 해우소와 해우소의 환기구

절집의 숨은 보물들

절집에는 볼거리들이 참 많다. 그런데 무심無心한 눈으로 찾아야 보인다. 무심한 눈이 자신 없다면 절집을 찾기 전에 사전 조사를 하면 충분히 가서 즐길 수 있다. 신기한 것을 보고 온 사람들은 다른 사람들에게도 알리고 싶어 하는 심리가 있기 때문에 책이나 인터넷 곳곳에 실어 놓는다. 그걸 조금만 참고하면 우리도 가서 재미있는 놀이를 할 수 있다. 깨달음이란 모르는 것을 순간 찾아 아는 것! 재미있는 놀이에 한 수 깨닫기까지 할 수 있으니 그야말로 일거양득一擧兩得이다.

아래 사진은 전남 해남 미황사 대웅전 기둥 밑에 숨어 있는 보물들이다. 주춧돌에 바다거북이와 꽃게 그리고 연꽃, 또 바다와 관련된 여러 가지 모양들이 앙증스럽게 새겨져 있다. 바다 가까이에 있는 절집이라 그런지 생생한 모습으로 표현되어 있어 재미있다. 무심히 발견한 꽃게 때문에 이것저것 열심히 보고 또 보느라 정작 이쁜 대

해남 미황사 대웅전 기둥의 거북, 연꽃, 꽃게

○ 밀양 표충사 대광전 벽의 트럭 그림
○ 문경 김용사 대웅전의 생생한 용 벽화

웅전 건물에 소홀했다.

절집 전각의 벽에도 재미있는 볼거리들이 많다. 불교 경전의 내용을 그림으로 그려 놓는 것이 일반적이지만, 그 절집과 관련된 창건 설화를 그려놓거나 절집 수호동물인 용을 그려놓기도 한다. 그리고 정말 재미있는 숨은 그림 찾기 놀이도 할 수 있다.

경남 밀양 표충사 대광전大光殿 벽에는 일제시대 트럭이 한 대 그려져 있다. '숨은 그림'이니 잘 찾아야 한다. 당시로선 신기한 것이라 그려놓았는지 그 연유는 잘 모르겠으나 정말 재미있고 신기했다. 스님께서 손으로 짚어주고서야 알 수 있었다.

위의 우측은 경북 문경 김용사 대웅전 벽화이다. 절집 수호동물 용의 모습을 사실적으로 묘사하여 살아 있는 듯하다.

강화도 전등사 대웅보전 처마 밑에도 숨은 보물이 있

다. 네 귀퉁이에 발가벗은 여인이 팔을 들고 벌을 서고 있다. '나부상裸婦像'이라 불리는 이 조각상에는 사연이 담겨 있다. '여자가 한을 품으면 오뉴월에도 서리가 내린다'고 하지만, 남자가 한을 품으면 여자는 기약 없이 쪽

강화도 전등사 대웅보전 처마밑에서 벌을 서는 나부상

팔려야 하나보다. 사연인 즉, 전등사 대웅보전을 짓기 위해 도편수(목수)가 절에 머무르는 동안 저녁이면 절 아래 마을 술집으로 놀러 다니면서 술집 여인과 사랑에 빠져 사랑도 주고 돈도 주고… 그야말로 모든 걸 주면서 평생을 기약했는데, 어느 날 그 여인이 야반도주를 한 것이다. 그 사실을 알고 배신감에 치를 떨던 목수는 복수를 결심하고 이 조각상을 만들었다고 한다. 얼마나 잔인한 복수인지 하나씩 살펴보면, 우선 발가벗겨 놓았다는 것이다. 옷을 입은 것도 있다 하지만 다 벗겨 놓은 것 같다. 그리고 오른손, 왼손, 혹은 양손으로 무거운 지붕을 들고 있어야 하는 어마어마한(?) 벌을 주었다. 정면 양쪽은 양손을 들고 뒤쪽에는 각각 오른손과 왼손을 들고 지붕을 받치고 있다. 단순히 무겁기만 한 것이 아니라 부끄러워 몸을 가리고 싶어도 도저히 손을 쓸 수가 없으니 이보다 더한 벌이 있을까? 얼굴모양도 보기 흉하게 만들어 놓았다. 그런 얼굴을 사랑하진 않았을 텐데 복수니까… 복수의 마음으로 만들어 놓은 조각상이지만 보는 우리는 왠지 남의 실패한 사랑을 훔쳐보는 것 같아 재미가 있다. 전등사를 처음 갔을 땐 노느라 정신이 팔려 처마 밑까지 보지 못했다. 그 후 책을 보다 우연히 알게 된 사실이라

확인하기 위해 다시 전등사를 찾았을 땐 알고 간 만큼 재미를 느끼고 올 수 있었다. 남자들이 사랑에 옹졸(?)한 것도 그때 처음 알게 되었다. 이것도 일거양득일까?

아래는 경남 창원 성주사 대웅전 벽화이다. 성주사는 일명 곰절(웅신사)이라고도 한다. 임진왜란 때 소실된 절집을 중창하기 위해 마당 가득 목재를 쌓아두었는데 밤 사이 곰들이 그 목재를 현재의 절터로 옮겨 놓았다고 한다. 중창불사를 염원하고 있던 진경대사는 이를 부처님의 뜻이라 여기고 지금의 절터로 옮겨 불사를 완성했다고 한다. 이러한 이야기가 전해 와서 인지 대웅전 벽에 나무 때는 곰, 참선하는 곰 등의 그림이 그려져 있다.

창원 성주사 대웅전 벽의 참선하는 곰

숫자로 절집 구경하기

석가모니부처님의 가르침을 형상화한 것이 절집인 만큼 삼세三世, 사성제四聖諦, 팔정도八正道, 육바라밀六波羅蜜 등을 상징화해서 담장에, 혹은 계단으로, 또는 석물石物로 만들어 공부시키고 있다. 이외에도 곳곳을 숫자로 살펴보면 석가모니부처님의 가르침과 연관되어 있음을 알 수 있을 것이다.

◯ 담장에서 볼 수 있는 삼세의 상징

사성제(고집멸도)를 상징하는 4개의 계단   육바라밀을 상징하는 6개의 계단

◯ 인과를 설명하는 12연기설을 상징하는 12개의 계단
◯ 33천을 나타내는 33개의 계단, 마지막 33천이 도솔천

팔정도의 상징

절집의 놓치기 쉬운 볼거리들

부산 동래 범어사의 하마비

절집 입구나 절집 마당에는 비석이 세워져 있다. 비석에는 절집의 창건 연혁이나 창건주 혹은 절집이 배출한 훌륭한 승려의 일대기를 새겨 놓았다. 비각碑閣을 만들어 보호하는 것이 일반적이지만 노천에 모셔져 있기도 하다. 비석碑石은 이수(螭首; 뿔 없는 용의 모양을 새긴 형상)와 비신碑身, 그리고 귀부(龜趺; 거북 모양으로 만든 비석의 받침돌)로 구성되어 있는데, 특히 귀부의 거북이 형상은 그 조각상이 뛰어난 것이 많이 있어 볼거리다.

절집 중심 전각 앞에는 헌식대獻食臺라는 것이 만들어져 있다. 보통 귀왓장으로 동그랗게 만들어 놓았는데, 헌식대는 절집의 자비정신을 엿볼 수 있는 것으로 우리나라에서만 볼 수 있다. 절집 대중이 공양할 때 음식을 조금씩 덜어 아귀(餓鬼; 목구멍은 바늘구멍만 하고 배는 태산만 한, 그래서 늘 배고픈 귀신)에게 나누어주는 곳인데, 티끌만한 찌꺼기도 남기지 않는 절집의 공양이지만 천숫물

비각과 헌식대

을 기울여 조금이라도 남는 찌꺼기는 아귀를 위해 헌식대에 쏟아 붓는다.

  절집 입구에 세워져 있는 하마비下馬碑는, 여기서부터는 말에서 내려 걸어 들어가라는 표식이다. 절집마다 있는 것이 아니어서 흔히 볼 수는 없다. 부산 동래 범어사梵魚寺 일주문에는 하마비와 얽힌 재미있는 이야기가 전한다.

  소원을 비는 돌무더기는 절집마다 들어서는 길목이면 어김없이 자리하고 있다. 그런데 지리산 천은사에는 절집 마당 큰 돌 위에 너무나 많은 소원들이 올려져 있다. 돌의 무게만큼 중생의 삶이 고단한 것인가? 그래도 무슨 걱정이랴. 한량없는 불보살님들의 품이 있는데…

경북 봉화 각화사 귀부의 몸체에 새겨진 왕王자와 만卍자이다. 신라시대에 통용되었던 '왕즉불사상(王卽佛思想; 왕이 곧 부처라는 사상)'의 영향인 듯한데, 우연히 발견한 흥미로운 볼거리였다.

지리산 천은사 절 마당의 소원을 기원하는 돌들

절집의 아름다운 사계

금산 보석사의 보석같은 가을길

절집을 찾을 때면 늘 느끼는 것이지만, 절집은 어느 때 어느 시간에 찾아도 아름다운 모습을 보여준다는 것이다. 절집이 자연 속에 자연의 일부로 자리하고 있기 때문일 것이다. 자연 속에 자연스레 묻힌 절집을 다녀오면 아주 편안하지만 자연의 순리를 역행하고 훼손하면서까지 웅대하게 만들어 놓은 절집을 다녀오면 온몸이 아프고 맘이 편치가 않다. 그 속에 계신 불보살님들도 아마 나와 같으리라. 옛 사람들은 그 질서의 의미를 알았기 때문에 많은 절집들이 지금까지 남아 그 존재만으로 불법佛法을 증명하고 있다.

절집의 아름다운 모습은 너무나 많다. 사진으로 담아내는 나의 실력이 하찮아 느낌이 전달될지 의문이지만 하나씩 골라 실어본다. 나무에 피는 연꽃이라는 목련이 흐드러지게 피어 있는 대구 팔공산 파계사, 여름의 싱그러움을 안고 건너는 나무다리가 정겨운 충남 서산 개심사, 법당 깊숙이 들어온 가을에 정신이 팔려 기도를 잊었던 경북 문경 대승사 윤필암, 잔설이 남아 있는 경북 김천 청암사의 겨울 풍경들이다.

● 팔공산 파계사의 목련

■ 서산 개심사의 나무다리

■ 문경 대승사 윤필암의 법당

김천 청암사의 일주문

불보살상 보는 법

절집에 가면 다양한 부처님과 보살님이 계신다. 누가 누구인지 알아야 명호를 부르며 절을 하거나 소원 하나쯤 빌 텐데… 헷갈린다. 불상과 보살상을 알아보는 기본적인 내용을 간단히 정리해본다.

불상佛像

불상은 말 그대로 '부처의 상像'으로 석가모니부처님을 포함하여 비로자나부처님, 아미타부처님, 약사부처님, 미륵부처님 등의 조각상이다. 불상은 전체적인 모습은 동일하나 '수인手印'이라 부르는 손 모양을 달리하므로 그 종류를 구분할 수 있다. 불상은 석가모니부처님 입멸 후 약 500년까지는 제작 자체가 부정되기도 했지만, 그 이후 부처님의 모습을 그리워하던 많은 사람들의 염원이라는 내적 요인과 외래문화의 영향이라는 외적 요인이 더하여져 제작되기 시작하면서 당당하게 예배의 대상으로 자리잡게 되었다. 불상 제작이 부정되던 시기를 '무불상시대'라 한다.

금강보좌金剛寶座, 보리수, 부처님의 족적足跡 등이 예배의 대상으로 제작되어 불상이 있어야 할 자리에 불상 대신 자리하였다.

(1) 무불상시대無佛像時代

소승불교에서는 석가모니부처님의 모습을 인간과 동일시하여 그 모습을 형상화하는 것은 부처에 대한 모독이라 생각하여 불상의 제작을 엄격하게 제한하였다. 석가모니부처님 입멸 후 약 500년까지가 이 시기에 해당되는데, 이때는 탑,

무불상시대의 부처의 상징 보리수와 족적

(2) 불상佛像시대

석가모니부처님의 입멸 후 약 500년이 지나면서 부처님의 모습을 그리워하던 많은 사람들의 염원이 알렉산더대왕의 동방으로의 정복이 가져다 준 그리스문화와 접촉하면서 불상이 제작되기 시작했는데, 이 시기를 불상시대라 한다.

불상의 제작을 제한했던 당시 불교계와는 달리, 자신들이 신봉하는 신을 인간의 형상으로 자유롭게 표현하였던 그리스문화와의 접촉은 불상 제작의 활성화를 이루는 중요한 외적 동기가 되었다. 인도의 서북부 간다라Gandhara 지방에서 시작된 불상의 제작은 거의 동시에 인도의 북부 마투라Mathura지방에서도 시작되었다. 그러나 이 두 지역의 불상은 그 모습에 차이점을 보이고 있는데, 그리스 문화의 영향을 받은 간다라지방의 경우는 ①머리카락이 길고 파상형(물결무늬)이며 ②콧날이 오똑하고 눈이 들어간 서양인의 얼굴이고 ③그리스식의 두꺼운 법의法衣를 입었으며 ④두꺼운 법의로 인해 인체의 표현이 거의 없는 것이 특징이다. 반면 마투라지방의 경우는 인도 사람을 모델로 하였으므로 ①머리카락이 곱슬거리는 소라 같은 나발螺髮이며(우리네 절집에서 보는 불상의 머리모양) ②코는 얕으며 눈두덩이와 입술이 두꺼운 인도인의 얼굴이고 ③법의는 매우 얇아서 몸에 밀착되어 있으며 ④얇은 법의로 인체의 표현이 정교하게 되어 있는 것이 특징이다.

간다라불상

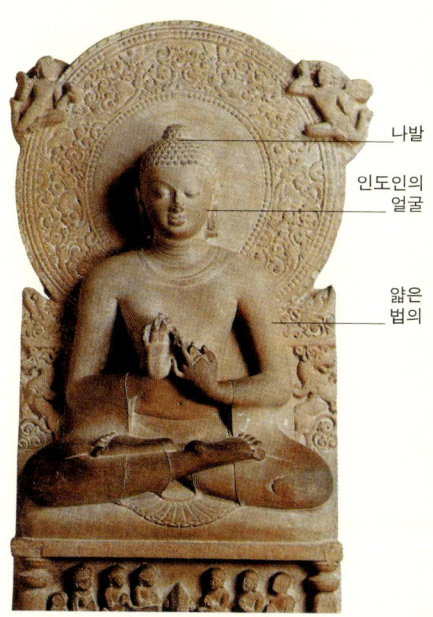

마투라불상

불교도의 사무친 그리움이 만들어낸 것이 불상인 만큼 얼마나 많이 고민하고 큰 정성을 들였을지 충분히 상상할 수 있다. 기록을 보면 모든 인간을 초월한 모습을 특징으로 하여 만들었다고 하니 다소 과장되게 표현된 것도 있다. 하지만 이것은 인간을 뛰어 넘은 부처의 존엄성을 나타내기 위한 것이라 생각하면 될 것 같다.

또 석가모니부처님은 500번을 거듭하는 생 동안에 수많은 선업을 쌓았으므로 최후의 왕자의 모습으로 태어날 때는 묘상을 갖추었다고 한다. 이를 '부처의 32길상吉相'이라고 하는데 여기에 '80종호種好'가 덧붙여져 불상 제작의 토대가 되었다. '32길상80종호'의 내용은 책마다 약간의 차이를 보인다. 여기서는 현재의 불상에 보이는 가장 공통적인 내용들을 중심으로 정리해 보겠다.

경북 청도 운문사 석가여래좌상

경주 불국사 석굴암 본존불

① 정유육계상頂有肉髻相: 정수리에 깨달음과 지혜의 상징인 육계肉髻가 있다.
② 나발우선기색감청상螺髮右旋其色紺靑相: 소라고동같은 머리카락이 오른쪽으로 돌아 오르고 그 빛은 검푸르다.
③ 액광평정상額廣平正相: 이마가 넓고 평평하며 반듯하다.
④ 미간호상백여가설상眉間毫相白如珂雪相: 미간 사이에 털이 있는데 흰 옥돌과 같이 새하얗다. 이는 지혜의 빛을 상징하는 것으로 절집의 불상에는 보석이 박혀 있거나 조각되어 있으며, 백호상白毫相은 여러 가지 길상 중 가장 으뜸이다.
⑤ 금색상金色相: 전신이 미묘한 금색으로 빛나고 있다. 불상이 금색인 이유가 여기

에 있고 절집에 따라서는 금색전金色殿이라는 전각을 두기도 한다.
⑥장광상丈光相: 몸의 사방에 어른 키만큼(1丈)의 빛이 발하고 부처는 그 빛 속에 있다. 머리 뒤로 나는 빛을 두광頭光이라 하고 몸 뒤로 나는 빛을 신광身光이라 하는데, 두광·신광을 광배光背라고 한다.
⑦협여사자협상頰如獅子相: 뺨이 사자와 같다.
⑧대직신상大直身相: 어느 사람보다도 몸이 크고 곧다.
⑨양견원만상兩肩圓滿相: 양쪽의 어깨가 둥글고 원만하다.
⑩전분여사자왕억상前分如獅子王臆相: 앞가슴의 위용이 사자왕의 가슴과 같다.
⑪정립수마슬상正立手摩膝相: 몸을 바로 하여 섰을 때 손이 무릎에 닿을 정도로 길다.
⑫족부고만상足趺高滿相: 발등이 높고 원만하다.
⑬수족유연세활상手足柔軟細滑相: 손발이 부드러우며 가늘고 매끄럽다.
⑭수족장중각유윤상手足掌中各有輪相: 손발의 바닥 가운데 각각 바퀴 모양의 둥근 테가 있다.
⑮족하평정주편안지상足下平正周遍案地相: 발바닥이 평평하고 반듯하여 두루 땅을 편안 하게 한다.

나머지는 대부분 신체 각 부위의 아름다움을 표현한 것으로 불상의 제작에는 반영되지 않고 있다. 경주 불국사 석굴암 본존불이 야말로 '32길상 80종호'를 가장 잘 표현한 불상이라 생각한다. 유리문 앞에 코를 박고 수십 번 수백 번을 보아도 너무나 멋진 모습이라 매번 가슴이 두근거린다.

삼도三道: 생사를 윤회하는 인과를 나타내며 번뇌도煩惱道, 업도業道, 고도苦道를 의미한다. 이 모두를 벗어난 원만하고 광대한 불신佛身을 나타내는 상징적 형식이다.

불상의 복장은 부정색不正色이라고도 하는 가사이다. 가사를 입는 형식에는 편단우견偏袒右肩과 통견通肩이 있다. ①편단우견은 왼쪽 어깨에 가사를 걸치고 오른쪽 어깨를 드러내는 형식으로 상대방에게 공경의 뜻을 나타내는 예법의 하나이다. 『금강경』을 보면 해공제일 수보리가 석가모니부처님께 법法을 청하면서 '…편단우견偏袒右肩 우슬착지右膝着地' 하는 예를 취하고 있다. ②통견은 가사가 양쪽 어깨에 다 걸쳐져 있는 형식이다. 가사의 속에는 아랫도리로 군裙을 윗도리로 승각기僧脚崎 또는 엄액의(掩腋衣; 왼쪽 어깨에서 오른쪽 겨드랑이 밑으로 내려가는 옷)를 입고 끈으로 매듭을 묶는다.

불상은 재료나 자세에 따라 구분이 가능하며 불상의 명칭 또한 이에 따라 정해진다. 재료는 금·은·금동·철·나무·흙·돌·도자기·옷칠까지 다양하지만 구리에 도금을 한 금동金銅이나 돌이 많이 보인다. 자세에 따라서는 탄생상에서 열반상까지 다양하게 분류하고 있다.

절집의 해설판을 볼 때 참고가 될 수 있으니 알아두면 좋다.

예컨대, **백율사금동약사여래입상**이라 되어 있다면
백율사는 절집 이름이고
금동金銅은 불상을 만든 재료이며
약사여래藥師如來는 부처님 이름〔佛名〕이고
입상立像은 서 있는 자세를 나타낸다.

재료와 자세에 따른 불상의 종류

철불좌상

금동반가사유상

금동불입상

① 철불좌상鐵佛坐像: 재료는 철이다. 9세기 중엽 발달된 철조 기술을 바탕으로 개성적이고 도전적이며 현세적인 느낌의 철불들이 많이 제작되었다. 자세는 좌상, 즉 앉아 있는 것이다. 절집의 전각에 모셔지는 불상은 반드시 좌상을 해야 한다고 경전에 전한다.

② 금동반가사유상金銅半跏思惟像: 재료

■ 석조불와상

■ 금동불열반상

는 금동이다. 구리에 도금을 한 금동은 금불상과 같이 반영구적이면서도 비용 면에서도 경제적이어서 널리 사용되는 재료이다. 왼쪽 다리를 늘어뜨리고 오른쪽 다리는 가부좌하고 있는 반가상은 한 쪽 손으로 턱을 괴고 사색하는 모습으로 제작되는 경우가 보통인데, 이는 인도의 태자사유상에서 비롯된 것이다. 반가사유상은 불상에서는 보여지지 않고 미륵보살상으로 조성된다.

③ 금동불입상金銅佛立像: 금동을 재료로 한 서 있는 불상, 즉 입상의 모습이다. 입상은 대부분 대불大佛로 제작되어 절집 마당에 세워진다. 사진은 통견가사에 군裙과 승각기까지 갖춰 입으시고, 시무외인과 여원인의 수인手印을 하고 계신 속리산 법주사 대불이다.

① 석조불와상石造佛臥像: 재료는 돌이다. 화강암이 유명한 우리나라에서는 일찍부터 많은 석불石佛이 조성되었다. 누워 있는 불상인 와불상은 흔하지는 않지만 전남 화순 운주사(사진)에 가면 새로운 세상을 기다리며 누워 계신 한 쌍의 와불상을 볼 수 있다.

② 금동불열반상金銅佛涅槃像: 금동으로 만들어진 열반상(사진)은 경남 사천 다솔사 적멸보궁의 것이다. 와불상과 마찬

가지로 누워 계시기는 하지만 석가모니부처님의 열반 당시의 모습을 재현한 것으로, 두 다리를 가지런히 하고 팔을 베고 모로 누워 계신다.

③ 금동탄생불金銅誕生佛: 금동으로 만들어진 탄생불이다. 석가모니부처님은 태어나자마자 일곱 걸음을 걸으면서 '천상천하유아독존天上天下唯我獨尊'이라고 하셨는데, 탄생불은 바로 이때의 모습을 재현한 것이다. 아기의 모습으로 몸에 짧은 치마만을 걸치고 바로 서서 한 손은 하늘을 가리키고 다른 한 손은 늘어뜨려서 땅을 가리키는 형상으로 만들어진다.

④ 석조마애불石造磨崖佛 속의 의상倚像: 마애불은 절벽이나 거대한 바위 면에 선각이나 돋을새김기법으로 만들어진 불상이나 보살상을 말한다. 사진은 속리산 법주사 마애불로 특이하게 의상, 즉 의자에 걸터앉아 있는 모습을 하고 있다. 중국에서는 많이 조성되었으나 우리나라에서는 드물게 보이고 있다.

의상의 석조마애불

수인

수인手印은 불상의 특정한 손 모양이다. 각각의 부처님마다 가지고 있는 서원이나 공덕을 표시하는 수인은, 불상의 종류를 구분하는 데도 좋은 지표가 된다. 많은 종류의 수인이 있지만 여기서는 석가모니부처님의 수인과 비로자나부처님의 수인, 그리고 아미타부처님의 수인, 탄생불의 수인 정도만을 살펴보겠다. 이 정도의 지식만 있어도 절집을 구경하는 데 불편함이 없을 것이다. 석가모니부처님이 주로 하는 수인은 ①선정인 ②항마촉지인 ③전법륜인 ④시무외인 ⑤여원인의 5가지이다.

① 선정인禪定印: 결가부좌하고 선정에 들 때 주로 하는 수인으로, 왼손의 손바닥을 위로 해서 배꼽 앞에 놓고 오른손도 손바닥을 위로 해서 그 위에 겹쳐 놓으며 엄지손가락을 서로 맞대는 형식이

다. 이 자세는 망념을 버려 움직이지 않고 마음을 한곳에 모아 삼매경에 들게 하는 것으로 석가모니부처님이 보리수 아래 앉아 깊은 생각에 잠겼을 때 취한 수인이다.

② 항마촉지인降魔觸地印 : 팔상탱 다섯 번째 '설산수도상'에서 보았듯이, 석가모니부처님이 깨달음을 얻기 전, 이 세상에 부처가 출현하면 일체 중생이 구제되고, 그렇게 되면 자신의 위력이 약해지리라고 생각한 마왕이 온갖 유혹과 위협으로 수행을 방해한다. 이 모든 유혹과 위협에 굴복하지 않고 결국 마왕의 항복을 받고 앞으로 깨달음을 이루어 부처가 될 사람은 자신뿐임을 지신地神이 증명해 보이도록, 선정인에서 오른손을 풀어서 오른쪽 무릎 위에 얹고 손가락으로 땅을 가리켰을 때 지신이 땅에서 홀연히 나와 이를 증명했다. 왼손은 선정인을 오른손 손가락은 땅을 향하고 있는 이때의 모습이 바로 항마촉지인이다. 이런 까닭으로 항마촉지인은 석가모니부처님만이 할 수 있는 특정 수인이다. 그러나 절집에 따라서는 보살상에서 보이기도 하는데, 안타까운 일이다. 정확한 고증이 있은 후 불사를 했으면 하는 바람이다.

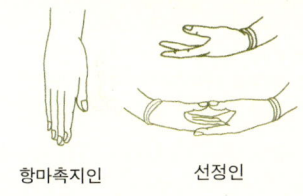

항마촉지인　　선정인

③ 전법륜인轉法輪印 : 석가모니부처님이 깨달음을 얻은 후 그 내용을 설법하였는데, 부처의 설법을 '전법륜'이라 하고 이때의 손 모양을 전법륜인이라 한다. 오른손의 엄지(1)와 검지(2)의 끝을 서로 대고 나머지 손가락은 편 다음 밖을 향한다. 왼손은 엄지(1)와 장지(3)의 끝을 서로 대고 약지(4)와 소지(5)의 끝을 오른쪽 손목에 대고 감싸 쥐는 형식이다. 사진의 속리산 법주사 마애불의 경우, 오른손의 엄지(1)와 장지(3)의 끝을 서로 맞대고 있다. 수인의 표현은 조금씩

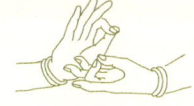

전법륜인

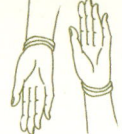

시무외인 여원인

지권인

다르다. 그러므로 그 구조만 알고 있으면 된다.

④ 시무외인施無畏印: 두려움(畏) 없음(無)을 베푸는(施) 수인으로 석가모니부처님의 대자비심을 엿볼 수 있다. 손 모양은 우리가 선서나 맹서를 할 때 하는 모습으로, 다섯 손가락을 가지런히 펴서 밖을 향하고 어깨 높이까지 올린다. 무지에서 오는 두려움 속에 사는 것이 중생의 삶인지라 석가모니부처님은 내게로 와서 두려움을 벗어나라고 손짓하고 계신 것이다. 부모님에게나 받을 수 있는 무한한 사랑이고 걸림 없는 사랑이다.

⑤ 여원인與願印: 시무외인과 짝하는 수인으로 이것 역시 석가모니부처님의 한량없는 사랑의 표현이다. 중생이 원願하는 모든 것을 준다(與)는 뜻으로 시무외인과는 반대의 모습으로 가지런히 편 손바닥이 밑으로 향하고 있다.

⑥ 비로자나부처님의 수인은 지권인이다. 지권인智拳印의 손 모양은 왼손의 검지(2)를 가슴까지 세우고 나머지는 말아 쥔 다음 오른손으로 왼손의 검지(2)를 감싸 쥐는 형식이다. 이는 일체의 무명·번뇌를 끊고 진리가 둘이 아니라는 '무이無二'의 지혜를 증득함을 의미하는 것으로 비로자나부처님만의 수인이다.

⑦ 아미타부처님의 수인으로 대표적인 것이 구품정인이다. 먼저 ㉠구품정인을 살펴보고 ㉡내영인섭인을 보기로 한다.

㉠구품정인九品定印: 『구품왕생아미타경』에 따르면, 중생이 극락왕생할 때 평소의 행업行業에 따라 상·중·하 3품品으로, 그리고 다시 각각 상·중·하의 3생生으로 모두 9품의 등급이 나뉘어져 각각의 정토에 맞게 태어난다고 한다. 여기서도 서열이 나뉜다니 극락왕생도 결코 만만치

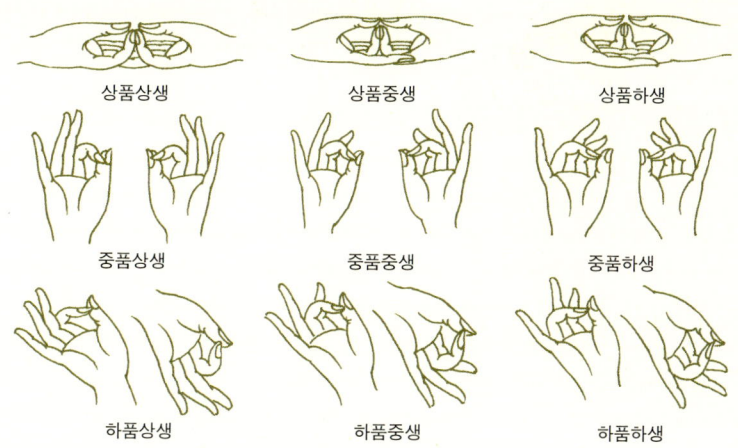

아미타부처님의 구품정인

않은 일임이 증명된다. 구품정인의 손 모양은 각각의 손가락을 엄지(1)와 동그랗게 마주 대는 것인데, 각 품마다 상생上生의 정인은 검지(2), 중생中生은 장지(3), 하생下生은 약지(4)이다. 그림을 참고하면 된다.

ⓛ내영인섭인來迎引攝印: 극락왕생을 원하는 사람이 임종할 때 아미타부처님이 손을 내밀어 맞아 준다는 것을 상징하는 수인이다. 손 모양은 양손 모두 엄지(1)와 검지(2)를 마주 대고 나머지는 펴서 오른손은 늘어뜨려 내리고 왼손은 가슴께에 올리고 있다.

⑧탄생불誕生佛의 수인은 천지인天地印으로 한 손은 하늘을 또 다른 한 손은 땅을 가리키는 모습이다. 이는 석가모니부처님이 탄생하실 때 7걸음을 걸으면서 '천상천하유아독존天上天下唯我獨尊'이라 한 데서 유래한 것이다.

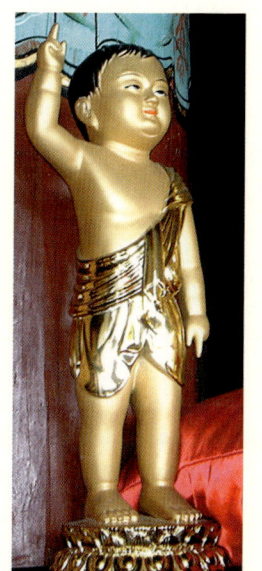

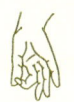

내영인섭인

천지인

보살상菩薩像

보살상은 불상과는 달리 화려하다. 머리에는 보관寶冠을 쓰고 몸에는 영락瓔珞과 목걸이, 팔찌, 귀걸이로 화려하게 장식하고 천의天衣를 걸쳐 우아한 자태를 드러낸다. 수행하는 보살이 화려하게 치장하고 있는 것은 힌두신상에서 영향을 받았다고 한다. 보살상의 화려함은 불상과의 차이점이다. 그러나 불상에 있는 백호와 광배, 그리고 연화좌는 불상과 공통적으로 표현되는 양식이다.

보살상은 불상과 같은 수인을 하기도 하지만 달리 손에 물건을 하나씩 쥐고 있는데, 이것을 계인契印이라 부르고 쥐고 있는 물건을 지물持物이라 한다. 지물은 각각의 보살에 따라 그 종류가 달라 보살을 구분하는 데 유용하다. 예컨대, 지장보살=육환장六環杖, 관세음보살=연꽃이나 보배병, 대세지보살=연꽃이나 경책 등으로, 각 전각의 후불탱을 자세히 살펴보면 잘 나타나 있다. 보살상을 구분하는 또 다른 방법은 보관 속에 새겨진 상징물을 보면 된다. 관세음보살=불상(아미타불), 대세지보살=보배병, 일광보살=붉은 일상日像, 월광보살=흰 월상月像 등이다.

미륵보살의 경우는 보살의 지위에 있으면서 미래에 부처가 될 것이라 수기를 받은 예정된 부처이므로 보살이지만 불상의 형태로 조성된다. 절집 금강문에 계신 문수보살과 보현보살은 각기 청사자와 코끼리를 타고 있어 전각의 후불탱이 아니어도 쉽게 만날 수 있다. 중생을 구제하기 위해 자신의 깨달음을 뒤로 미룬 보살님들이야말로 우리가 가장 편안하게 기댈 수 있는 존재일 것이다. 이 귀하디 귀한 보살의 지위를 부여 받은 우리네 보살님들 상구보리 하화중생을 위해 용맹정진하길 원한다.

(좌)보배병이 보관에 새겨진 대세지보살
(우)아미타불이 보관에 새겨진 백의관음보살. 흰옷을 입고 있다 하여 백의관음보살白衣觀音菩薩이라 부른다. 백의관음보살은 구아求兒, 안산安産, 육아育兒의 기원을 들어주는 보살로 신앙되기도 한다.

(좌) 청사자와 흰코끼리를 탄 문수 · 보현보살의 천진한 모습
(우) 붉은 일상의 일광보살과 흰 월상의 월광보살

후기

일일이 나열할 수 없지만, 많은 책들이 머릿속에 엉켜 있던 생각들을 글로 펼쳐낼 수 있게 도와주었다. 더불어 인터넷의 정보들도 훌륭한 조언가들이었다. 좋은 글과 좋은 정보를 전해준 이들에게 먼저 감사함을 전하고 싶다.

처음부터 책을 만들고자 하는 생각은 없었다. 그래서 준비가 부족했다. 특히, 사진은 찍는 기술도 없었고 카메라에 대한 욕심은 더욱 없었다. 그렇기 때문에 그저 편안한 디지털카메라가 나의 동반자였다. 그래서 사진의 질이 좋지 못하다. 많이 아쉽고 부끄러운 점이다. 또 아쉬운 점은 꼭 보여주고 싶은 것들은 문화재보호 차원에서 촬영이 금지되어 있어 찍지 못했고, 그래서 책에 싣지 못했다는 점이다. 독자들이 직접 찾아다니며 안복眼福을 누렸으면 한다.

책의 내용에 많은 질타가 있을 것이라 생각된다. 책을 만들면서 절실했던 것이 공부였다. 더 많이 알고 있다면 좀 더 체계적으로 또 알기 쉽게 서술했으련만, 부분부분 산만하고 매끄럽지 못한 점 또한 아쉽고 부끄러운 점이다. '왕초보자'이니 불보살님의 너그러움으로 이해해주리라 믿는다.

내가 지금까지 살아오면서 늘 느끼고, 특히 어려울 때 더욱 절실하게 느꼈던 것은 나에게는 너무 좋은 인연들이 있다는 점이다. 이 책은 지금 이 시간에도 나를 걱정해주고 챙겨주는 나의 소중한 인연들에게 받기만 했던 사랑에 주는 작지만 아주 소중한 선물이다. 다들 기쁜 맘으로 받아줄 것이라 믿는다.

김영숙

부산에서 태어났다. 고등학교 때부터 가졌던 역사에 대한 관심이 전공이 되어 대학과 대학원에서 한국사를 공부하였다. '조선 후기 향촌 사회'에 대한 공부가 깊어질 즈음에 시작된 불교와 불교문화재에 대한 관심과 공부가 업業이 되어, 현재 대학의 관련학과에서 한국사와 불교문화재를 강의하고 있다. 한편으로 '불교설화'에 관심을 가지고 정리 중이다.

절집 길라잡이

초판 1쇄 인쇄 2010년 5월 13일 | 초판 1쇄 발행 2010년 5월 20일
지은이 김영숙 | 펴낸이 김시열
펴낸곳 운주사
        (136-036) 서울 성북구 동소문동 6가 25-1 청송빌딩 3층
전화 (02) 926-8361 | 팩스 (02) 926-8362
ISBN 978-89-5746-251-5 03220   값 13,000원
http://www.buddhabook.co.kr